湛庐CHEERS

与最聪明的人共同进化

HERE COMES EVERYBODY

开启
高质量沟通的
第1分钟

THE FIRST MINUTE

[英]克里斯·芬宁 著
CHRIS FENNING

粟志敏 译

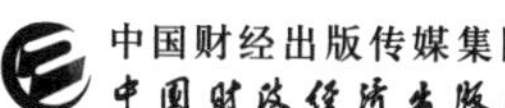
中国财经出版传媒集团
中国财政经济出版社

序

让每一次沟通都能卓有成效

本书将逐步带领读者在日常工作中以清晰明了的方式开启沟通。我们与下属、同事和上级之间的沟通可以是谈话，也可以是电子邮件，在所有的职场沟通中，这两种形式约占 80%。

本书所介绍的开场技巧都基于以下核心原则：

- 在传递信息前，我们必须先帮谈话对象做好接收信息的准备。
- 大家都很忙，所以沟通必须开门见山。
- 在工作沟通中，最有效的方式是着眼于行动和解决方案，而非纠结问题本身。

职场沟通和社交沟通存在一些重叠，本书的重点是职场沟通。

在工作中，我们每天要同数十人，有时候甚至是数百人沟通。每次谈话都有不同的任务或主题，而且目的和结果也各不相同。每当我们开始对话时，我们自己都清楚要讨论的主题和其重要性，然而遗憾的是，我们的交谈对象却既不清楚主题，也不了解其重要性。

当沟通开始时，我们谈话对象的大脑必须快速转动，以便弄清楚对话的背景。他们要试图弄明白我们为什么要同他们交谈，在这番谈话后他们又应该怎么做。如果在最初几句话后依然丈二和尚摸不着头脑，他们的大脑里就会开始形成一些观点，并且误认为那就是事实。问题也就由此产生，比如浪费时间、出现错误的假设，甚至因为犯错导致巨额损失。

西门子企业通信公司（Siemens Enterprise Communications）在研究中发现，员工数为 100 人的企业通常每星期要花平均 17 个小时来澄清沟通内容，也就是每年有 884 个小时用来重复一些信息，目的是确保大家弄懂这些信息，而这些时间本可以用于为顾客提供服务。为了避免这种重复和浪费，每场对话的开场白都应该做到言简意赅，不管讨论的主题是购买打印纸，还是投入数百万美元的广告宣传活动，对话的开场白都应该简单明了。

只要背景、意图和关键信息清楚明了，对话就朝成功迈进了一步。不管谈话的主题多复杂，只要我们运用合适的架构进行归纳总结，其开场白都可以做到简单明了。本书介绍的技巧将帮助大家在 1 分钟之内做到这点。

只要把握住第 1 分钟，我们在工作中的每次沟通就都能做到卓有成效。让我们放手去做吧，成为出色的职场沟通者。

书中的技巧将教会你如何为谈话对象提供他们真正需要的信息。把握第 1 分钟并非让大家把所有信息都浓缩到 60 秒内，而是让我们有明确的沟通意图，每次针对一个话题展开讨论，并将重点放在问题的解决方案上，而不是问题本身。

开启高质量沟通的第 1 分钟，通常需要两个步骤。

- 第一步：在最多 15 秒内给对话设定沟通框架，即告知对方谈话背景、清楚表明自身意图，以及明确阐述谈话主题。
- 第二步：对自己想表达的所有信息进行概述，阐述沟通的目标，指出目标实现过程中存在的障碍，然后再重点讨论解决方案。

只要遵循这两个步骤，我们在工作中就能清楚地、充满自信地进行各种谈话。不管主题有多复杂，我们都可以在 1 分钟内完成这两个步骤。

你将从本书中了解到：

- 如何缩短谈话和会议时间，提高效率；
- 如何开门见山，直入主题；
- 如何避免谈话对象误解你所传递的信息并因此犯错；
- 如何引导谈话对象提出或接受你想要的解决方案；
- 如何用一招打天下，高效处理几乎所有的对话。

不管你是什么职位或职务，本书都将帮助你更为简明扼要地进行有效沟通，成为出色的沟通者，而且进步会很快。

首先，来看看导致工作沟通不畅的几个常见原因：

- 缺乏对背景情况的介绍；
- 沟通目的不明确；
- 说话抓不住重点；
- 一次谈话混杂多个主题；
- 冗长而含糊的概述。

通过本书，你将学会如何避免以上种种错误，并掌握用不到 1 分钟的时间概述想要表达的所有信息的方法。此类概述将清楚表明你的目标，以及你希望谈话对象怎么做。你也将看到该方法如何在不同情况、不同行业和不同岗位上发挥作用。

这本书会帮助你理解沟通框架的三要素，即背景、意图和关键信息，并弄懂它们怎样为有效沟通奠定基础。

最后，你将学会 GPS 概述法的三个部分：(1) 你尝试达到的目标（Goal）；(2) 阻碍目标达成的问题（Problem）；(3) 问题的解决方案（Solution）。这三个部分能让你概述任何复杂的主题。

本书最后一部分介绍了怎样在各种场合中应用这些技巧。

你将在书中的案例中与中层管理者、软件开发者、秘书和企业高管等形形色色的人物相遇：看到我因为工作错过午餐的沮丧，体会到谈话中的“过山车”，得到汽车修理工在沟通方式上的宝贵经验，甚至了解到为什么人类进入太空要耗费那么高的成本。

本书立足于真实发生在商业活动和技术岗位上的 2 万多次对话。我在全球各地为个人和团队培训这些沟通技巧，也曾同从初创公司到《财富》50 强公司、英国富时 100 公司的各种组织合作。本书中的方法适用于所有这些公司。

在这些方法的帮助下，你将收获更加清晰、高效的沟通方式。这个目标的实现难度会比你预期的更低，而这一切都是从第 1 分钟开始的。

你会开启高质量沟通吗？

扫码鉴别正版图书
获取您的专属福利

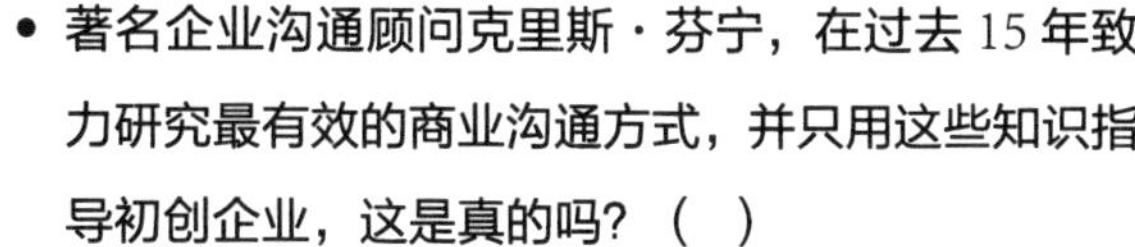

- 著名企业沟通顾问克里斯·芬宁，在过去 15 年致力研究最有效的商业沟通方式，并只用这些知识指导初创企业，这是真的吗？（　）

  A. 真

  B. 假

扫码获取全部测试题及答案

- 以下哪项是一个出色沟通者的表现？（　）

  A. 说了很长时间并不在一开始阐明背景

  B. 说了很久对方仍不清楚自己为什么要听这些信息

  C. 说明事情的起因，自己需要对方做什么，并告知关键信息

  D. 分享了大量的信息后，才切入谈话的关键内容

- 为了不浪费沟通对象的时间，在沟通时应注意：（　）

  A. 快一点说，不要占用对方过多时间。

  B. 不管对方在做什么，直接沟通

  C. 等对方有时间了再去沟通

  D. 询问对方是否有空，方便继续吗？

扫描左侧二维码查看本书更多测试题

目录

引 言

至关重要的第1分钟

当谈话切换到工作相关主题时，计时开始

THE FIRST MINUTE

本书所指的第 1 分钟不一定是从你与他人开始交流时算起，打招呼或寒暄的时间并未包括在其中，这里的“第 1 分钟”是从就工作进行交流时开始计时。交谈中，当话题从寒暄切换到工作时，计时开始。

有很多介绍如何进行对话、如何培养谈话及双方关系的书，也有些告诉大家如何在约会或面试中给对方留下出色第一印象的书，还有很多讲解怎样以正确的方式开启挑战性谈话的书。但其中没有哪本书告诉你，如何就日常的工作话题进行对话。

我们可能会给同事留下深刻的第一印象，但当对话内容切换到工作后，这个印象可能就会被悉数破坏。不管人们有多喜欢你，若在传达信息时不能做到有条有理，你在职场中就难以得到他人的尊重。

工作中的沟通方式会影响到他人对我们的看法，也会影响到一些机会的获得，所以沟通方式不当的后果是相当严重的。沟通方式是影响晋升的主要原因之一。当人们申请管理职位时，这种情况尤为明显。

我们每天工作 8 个小时，其中 50% 以上的时间用于进行书面或口头沟通。这个时间成本相当高昂，而所有这些交流互动都会给他人留下或好或坏的印象。

你如何评价自己的沟通技巧？你给人们留下了出色的印象，还是仍有改善空间？

如果读到这里，你觉得因为自己早已给他人留下了糟糕的第一印象，现在为时已晚，已经于事无补了，请千万不要绝望！或许在你的工作中曾有一些沟通不尽如人意，但你依然可以去扭转局面，成为掌握清晰有效沟通的典范。

研究表明，就算你给他人留下的第一印象非常糟糕，只要之后能持续表现出色，你的第一印象仍然可以得到扭转。要改变糟糕的第一印象，后面需要 8 次出色的表现来重新树立形象。这个数字听起来很大，但你要知道，人们在工作中要进行大量的沟通交流，所以不需要太长的时间，你可能就会同某人进行了 8 次谈话。例如，假设你每天和某个同事进行一次交流，那么不到两个星期的时间，你就可以改变自己在对方心目中的形象，从糟糕的沟通者变成出色的沟通者。再算上电子邮件和会议，你每天同他人的沟通次数还会更多，因而改变印象所需的时间也就会更短。

要想通过短短 8 次谈话就让对方改变对你的印象，把自己的形象从糟糕的，或是平庸的沟通者变为出色的沟通者，你需要怎么做呢？

此外，虽然你可能需要付出一定的努力才能改变在同事们心中的第一印象，但随着事业的发展，在同其他团队或新公司的新同事会面和合作时，你将有更多机会去树立自己的第一印象。

在接下来的章节里，我们将学习到怎样在与同事进行工作沟通时留下出色的第一印象。只要对这些方法加以运用，久而久之，它们就会成为你在传达信息、提出要求和参与其他各类日常工作沟通时的本能。

第1章

0到15秒：设计沟通框架

沟通框架 = 背景 + 意图 + 关键信息

THE FIRST MINUTE

在就工作内容进行交谈时，一般而言难点在于从未有人告诉过我们应该如何开场。多数职场人士接受过 14 年到 18 年不等的学校教育，但从未有哪门课曾告诉他们在就工作内容进行交谈时应该使用什么样的开场白。这也就难怪在工作中会产生那么多无效对话了。

10 年前，我曾在一家电信公司担任软件项目经理，负责新款手机的软件交付工作，这些手机将在全欧洲销售。不管什么时候，我们都至少有 8 个复杂的项目在同时进行，其中多数项目的参与者达数百人，分布在多个国家。

同众多大型项目一样，我们遇到的沟通问题很多，但让人头痛的并非偶尔的沟通脱节，而是我们的团队似乎在日常沟通上就困难重重。项目中的大多数人都认为，问题源于跨欧洲大陆的合作所带来的语言障碍和文化差异。不过随着对团队观察的增多，我日渐意识到问题出在其他地方。

一天，我去吃午饭时，软件测试团队的史蒂夫在餐厅外面叫住我，并开始谈论手中某个项目的测试问题。几分钟后，我打断了他："抱歉。这是什么项目？"

"噢，就是 LT-10 项目。"随后，他又继续说起那个问题。

在知晓项目名称后，我才弄明白他此前说的一些内容。几星期后，我们将为 LT-10 项目举办一场高规格的产品发布会，我很关心这件事，所以决定继续专心听史蒂夫说话。

又听了几分钟，我仍然不清楚他所说的问题是什么，也搞不明白史蒂夫为什么要告诉我这些。

很多人从我们身边走过去排队吃饭，现在队伍已经排到了走廊里。我的肚子饿得咕咕叫，脑子里一直想着甜品窗口里没准儿已经空空如也，但我还在等史蒂夫讲完他的想法。“你讲了很多东西，很有意思，”我说，“但具体有什么事情我可以帮上忙呢？”

史蒂夫看上去有点困惑：“噢，我认为应该告知您，我们没法按时完成测试。请您批准将上线日期推迟一个月。”

这句话彻底改变了这次交流的本质。这是件大事。为了配合软件在本月底上线，制造商已经花了数百万美元在电视上打广告。我们必须按时完成，这点不容商量。

我不再关心甜品窗口的情况，而是请史蒂夫从头再说一遍。这一次，他说的那些细节在我听起来更容易理解了。我也能够相应地提出自己的疑问，以便进一步了解情况，从而帮助自己拟定最好的应对举措。

这次经历完全体现了我们团队在沟通方式上存在的主要问题。如果只是报告在旗舰项目上遇到了大麻烦就要花近 10 分钟的时间，那么沟通就必然存在问题。相比于“文化差异”，这个问题会带来更加严重的后果。

在听他人说话时，你是否也曾有过类似的经历？

如果答案是“否”，那说明你的同事们懂得如何在沟通中正确地把握住第 1 分钟。如果答案是“是”，请思考以下几个问题：

- 这种情况经常出现吗？
- 在对方最终说明意图后，你对整个交谈内容的反应是否发生了改变？
- 双方花在这段对话上的时间都得到了有效利用吗？

还有一个更难回答的问题：你是否曾像史蒂夫一样与他人沟通？

在现场培训会上，当我提出这个问题时，大家陷入了沉默。我看到有些人最终勉为其难地点了点头。他们意识到自己在谈话中也经常这样开场。

我得承认，与他人交谈时我也曾像上文中的史蒂夫一样。事实上，我过去的谈话常常都是那样开场的。我一门心思放在自己想要讨论的主题上，忘记了对方了解的情况和我有所不同。这也就意味着谈话时，我的开场方式缺乏条理性，含糊不清。

在那次午餐谈话的几星期后，整件事情在我脑海中还会不时重现。我想弄明白在工作沟通时，如何才能更加清晰、更加快速地切入主题。我开始观察研究团队里的交流情况，并注意到一些常见的问题。很明显，很多工作中的沟通一开场就存在以下问题：

- 未能提供背景信息。谈话对象并不清楚谈话的主题是什么。
- 沟通的目的不明晰。谈话对象不清楚为何会被告知这些信息。
- 切入主题的速度太慢。说话者分享了大量的信息、花费了过长的时间后才切入关键内容。
- 两个或两个以上的主题混杂在一起。说话者想要讨论两个或两个以上的主题，却没有清楚表述出这些主题究竟是什么。

如果能用三句简短的话语作为对话的开场白，以上问题就能避免。在工作中沟通时，要想有个清楚明了的开场白，以下内容必不可少：

- **背景**：我们希望讨论的主题。世界上可供讨论的主题千千万，而我们现在打算讨论的是这一个。
- **意图**：你希望对方在接收到你的信息后怎么做。
- **关键信息**：你即将表述的所有内容中最重要的部分（内容提要）。

不管讨论的主题是什么，不管谁在说话，也不管谁在听，这些要素都是一样的。这三要素必须依照正确的顺序加以使用，以构成沟通框架：

沟通框架 = **背景** + **意图** + **关键信息**

在阐述细节前给出沟通框架，是让谈话对象做好信息接收准备最简捷有效的方法。沟通框架能让谈话对象从一开始就清楚本次谈话的目的。清楚明晰的沟通框架可以确保对方在短短几句话后就抓住交谈的核心思想。

沟通框架应该不超过三句话，而且要在 15 秒钟内完成表述。

在上一个案例中，如果史蒂夫在开场时就表明其沟通框架，我们也就无须重述前 10 分钟的内容。

针对主题设计沟通框架的方式有很多种，比如：

> “您好，我们正在进行 LT–10 项目的测试工作，现在遇到了麻烦，无法按时完成测试，希望得到您的帮助。”
>
> “LT–10 项目的测试工作将出现延误，我们觉得应该提前告知您。”

这两个句子都清楚地给出了项目的名称。第一个句子中提到希望得到帮助，点明了对话的意图。第二个句子中，谈话的意图是传达消息。两个句子都强调了关键信息是无法按时完成工作，不过第二个句子说得更加简明扼要。

这些话听起来略显唐突，但重点并非要在 15 秒内呈现所有的信息，而是要让对方明白你想谈论什么，这样他们就不用在交谈的前几分钟里去猜测对话的内容。如果我们能在每场对话之初，用几句开场白说清对话的背景、意图和关键信息，沟通就能更加清晰明了。

高质量沟通小练习

你擅长工作沟通中的开场白吗？请在发件箱中找出一封最近重要的电子邮件。

你找出的这封邮件在开场白里是否清楚介绍了背景、表明了意图，并概括了关键信息？

邮件越长越适合这个练习。本书大部分内容探讨的是如何开启对话，但这些原则同样适用于书面沟通。实际上，我们的记忆力并非如想象中那样可靠，在本次练习中，电子邮件能帮我们真正了解自己此前所写的内容。

如果有某个方面做得不到位，那也没关系。在接下来的内容中，我们将学习沟通框架的三要素，以及如何正确地加以应用。在这个过程中你将发现，对沟通的开场白进行简单调整就能产生惊人的效果，而且这样做并不难。

阐明背景

沟通框架 = 背景 + 意图 + 关键信息

在开始谈话或撰写电子邮件时，你早已清楚相关主题的背景情况。这些信息就在你的脑中，而且你可能已经思考过一番。可惜你的谈话对象或收件人并不了解这些。他们可能不清楚你想讨论哪个项目，或者你想讨论哪个问题。几乎可以肯定，他们脑中想的是其他事情，如其他工作、预算问题、午餐吃什么，以及家里的麻烦事等。不管他们脑子里在想什么，都不太可能正好是你想讨论的事情。

在阐述相关细节前，我们必须先提供部分背景资料，以便让谈话对象有一个明确的方向，这样双方才能站在同一起点上。

这样做其实很简单，我们只要用一句简单的、基于背景的话来作为开场白：

- 表明项目名称或问题名称。
- 表明你将讨论的流程、系统或工具。

- 说明你正在合作的客户的名字。
- 表明你希望探讨的任务或目标。

这个清单可以一直列下去。关键在于快速阐明背景，这样谈话对象才能明白你将讨论什么话题或领域。

没有这些背景资料，对方就跟不上你的思路。他们会努力猜想讨论的主题，并因此而分心。在沟通时，一开场就清楚阐明背景能令对方将注意力集中在你希望探讨的主题上，也能帮助他们过滤掉头脑中其他无关紧要的事。

进行工作沟通时，是否存在无须一开始就阐明背景的情况？

不存在此类情况。在工作中开启任何新谈话时，都必须清楚阐明背景。

在某些情况下，阐明背景似乎没有必要，但这种表象具有欺骗性。比如，当你同团队成员讨论两人几个星期以来密切合作的某个项目时，似乎无须在谈话中说明项目名称作为背景。但就算在这种情况下，当你想与该同事就该项目进行讨论时，对方脑中也可能正在想其他的事情。即便当时该同事正在思考那个项目，但正好想到你要讨论的那个主题的可能性也非常小。就算是出现极其难得的情况，这位同事正好与你心有灵犀，这时提供背景资料也不会有任何损失。

绝对不要假设其他人正好知道你要讨论什么主题。提供背景资料只需要花费几秒钟的时间，却可以避免很多麻烦。事实上，若能确认大家讨论的是同一件事，谈话双方都会更加积极地参与其中。

以下是日常工作中可能需要你提供的部分背景例句：

- 我正在开展 ××× 项目……
- 我正在认真查看新的信息安全策略……
- 我们将要与客户 ××× 公司签合同……
- 我打算提交请假申请……
- 我看了你发送给我的市场营销报告……
- 办公用品已经到货……
- 新预算是……
- 我希望奖励自己的团队……
- 我正在筹划办公室派对……

- 我们正在审核 ××× 的策略……
- 我的车出故障了……
- 厨房水槽漏水……

这些句子都短小精悍，5 秒钟之内就能说完。

这个世界上，工作五花八门，情况千变万化，因此背景也多种多样。尽管如此，在提供背景时必须遵循一个原则，即阐明你要讨论的主题。

高质量沟通小练习

再回到你之前选择的那封邮件。该邮件是否提供了清晰的背景资料？我们可以如何修改，让背景情况更加明了？

表明意图

沟通框架 = 背景 + 意图 + 关键信息

现在，你已阐明背景并让双方对要沟通的主题有了共同的认识。是时候让对方清楚，你希望他们以何种方式来处理接下来你将分享的信息了。

清楚表明沟通的意图

每当我们接收到信息时，大脑都会花一些时间来弄清楚该如何处理它们。我们要弄清楚自己是否必须回答问题，说话者是否在寻求回应，我们是否需要有所行动或做出决定等。大脑每时每刻都在进行这些思考。我们会处理信息，并试图找出最合适的回应方式。这也就意味着在我们进行沟通的时候，谈话对象的大脑也正在飞速转动，试图处理我们给出的信息，以便弄明白要怎样回应。他们甚至在我们讲到重点之前就已经这样做了。

我们表明意图所花的时间越长，谈话对象就越有可能猜测我们的意图并形成自己的答案。这种情况的影响或大或小。对方可能会做出错误的假设，他们可能会认为信息并不重要，或者采取了非必要的行动。此类后果的严重性依情况而定。

在我们表明自己的真实意图后，整个谈话可能需要重新开始，而谈话对象将需要使用正确的“过滤器”来重新处理信息。

埃玛扣上手提电脑，开始收拾自己的办公桌。她 15 分钟之内必须出发，不然赶不上在公司外面召开的战略会议。埃玛正准备动身时，同事丹尼尔在办公室门口探出头来。

“有 1 分钟时间吗？”他问道，“我想和你谈谈 TechCorp 科技公司。”

“好的，我还可以待几分钟。”埃玛看了看手表回答说。TechCorp 科技公司是战略会议的主题之一，而且丹尼尔是对接的主要联系人。如果发生了什么埃玛不知道的事情，她还是需要了解一下。

“太好了。”丹尼尔说道。他走进埃玛的办公室，摇着头说：“你绝对想不到他们这次干了什么。”

“是的，”埃玛回答说，“那你就和我说说吧。”

“他们刚刚发布了软件的更新补丁，现在这个软件可以支持我们需要的所有改动。”

“太棒了。”埃玛回复说。公司发展战略的一个核心部分有赖于 TechCorp 科技公司能支持更多数据。这正是埃玛参加战略会议前想了解的内容。

“不完全是那样。”丹尼尔说。

“你这句话什么意思？”

“软件的改进可以支持我们想要的新功能，但也导致他们的系统没法收集当前所有的数据。这是一个大问题。”

埃玛的兴奋转瞬即逝，取而代之的是担忧。她开始思索系统崩溃意味着什么。她的大脑里迅速飘过应急计划和自己要打哪些电话。公司用 TechCorp 科技公司的软件处理所有会员的新销售信息，如果数据得不到处理，也就意味着顾客们将得不到服务，情况相当严重。

她问道：“什么时候开始的？”

“昨天晚上。”丹尼尔回答说。

“系统一个上午都是崩溃的？为什么不在问题出现时立即告诉我？”

丹尼尔解释了他的团队是如何在软件发布流程的测试阶段发现了这个问题。在发现问题后，他们取消了计划外的软件更新，以避免影响到顾客。丹尼尔再三强调，整个测试过程都进展顺利，因为他们在对顾客造成影响之前就发现了该问题。

遗憾的是，在团队试图解决这一问题的过程当中，TechCorp 科技公司又出现了另一个此前未知的问题，而新问题的影响甚至更加严重。

丹尼尔的话每次都是大转折，埃玛的心情也随之像坐过山车一样起起伏伏。尽管事情的发展颇为曲折，但听起来似乎在往好的方向发展。埃玛最担心的是不明白丹尼尔到底想要自己做什么。TechCorp 科技公司是自己公司未来 3 年发展战略的核心组成部分，当天下午公司高管团队将要最后确定发展战略，她必须在此之前弄清楚丹尼尔所说的问题是否会影响公司的计划。

丹尼尔一个人在那里喋喋不休，埃玛抓住他说话的间隙赶紧问：“这个问题听起来似乎蛮严重的，我们要换个供应商吗？”

“不用，”丹尼尔说，“他们今天早上找到了解决方法。”

听到这里，埃玛已经彻底糊涂了，她不知道问题到底是否存在。“抱歉，丹尼尔，我有点儿糊涂了。关于 TechCorp 科技公司，有什么是我去开会之前必须了解的吗？”

丹尼尔看上去很吃惊：“噢，没有呀，一切都进展顺利。他们解决了所有问题。我只是觉得你可能会有兴趣了解这件事。要知道，这件事的整个过程都很刺激。不管怎样，我觉得你现在应该出发了。祝战略会议顺利。”

你会经常遇到这种事情吗？

如果谈话进行了 5 分钟，你依然不知道对方到底想要你干什么，这时你会怎么办？你花了多少精力去弄清楚自己该如何处理这些信息？

如果你发现自己身处这种情况，1 分多钟过去了，你依然弄不清楚对方谈话的目的，那么请让说话者表明意图。这将有助于交谈取得最佳成效。

沟通意图影响大脑对信息的处理

我们的大脑会根据不同的目的采用不同的信息处理和存储方式。有些东西仅仅是好玩，有些东西需要加以学习，大脑对不同信息的处理方式有所不同。在工作记忆中，我们只能做大概 20 秒的信息回顾。在这段时间里，我们可以整理信息，决定怎样处理这些信息，而这个过程也决定了信息将以何种方式被大脑存储。在谈话中，如果说话者在 20 秒之内还没说清楚自己的意图，大脑就会停止处理对方此前最开始说的内容，转而处理最近这 20 秒之内接收到的信息。

如果不清楚对方的意图，我们就要勉为其难地去处理对方提供的信息。而当坏消息、好消息掺杂时，信息的处理难度就更大了。若对方没有明确表明意图，谈话内容又一波三折，我们就会像坐过山车一样起起伏伏。

对埃玛来说，当丹尼尔表示项目有问题时，情绪的过山车就开动了，她开始思考应急计划。因为不清楚对方的意图，埃玛想当然地认为有问题需要自己解决，也开始思考该如何应对，尽管事实上无须如此。在这个案例中，丹尼尔最终说出了谈话的意图，带来的唯一影响只是埃玛动身去开会的时间被延后。如果埃玛动身去开会时丹尼尔尚未说清楚埃玛应该怎么处理那些信息，谈话意图始终不明确，带来的后果可能会更糟糕。与 TechCorp 科技公司相关的战略可能会被调整和改变，而两家公司会因此蒙受什么样的损失就不得而知了。

沟通中，谈话对象越晚知晓谈话的目的，就越可能去加以猜测。这也就意味着，谈话对象不会按说话者的预期或需要去处理这些信息。更为糟糕的是，当谈话对象面对信息不知所措时，他们的大脑可能难以记录下这些信息，甚至可能会认为这些信息都是无关紧要的。

如果我们能在最初几句话里清楚表明自己的意图，谈话对象就能正确地理解自己接收到的信息，并做出恰当的反应。

用一句话表明沟通意图

大多数与工作相关的沟通意图可以被分为五类，每一类都可以用一句话加以归纳。表 1-1 列出了这五类意图，并举例说明如何用一句简单的话语来表述。

表 1-1　五类沟通意图

沟通意图的种类	示例
需要对方提供帮助 / 建议 / 意见	· 请问能帮一下忙吗？ · 我们想请您提些意见。 · 我需要一点建议。 · 有件事可能需要请您帮忙解释一下。
请对方采取某种行动	· 请问能否告知 ××× 事的最新情况？ · 请问能否将合同发给佐伊？
请对方做决定	· 请您定夺 ××× 事。
提前告知对方将会发生某事，以免对方感到意外	· 请注意，××× 事将会出现某种情况。 · 在同客户交谈前，请您注意这点。
针对对方此前的要求提供信息 / 意见	· 以下是您需要的报告。 · 以下是您需要的信息。

这五类意图看上去似乎很少，但我们在工作中的沟通内容基本上都可以被囊括其中。比如：

- 如果你要告知他人某个问题，你会希望对方在接收信息后怎么做呢？你可能会需要对方提供帮助或建议，或者希望对方能采取行动，又或者只是提前告知。
- 如果你即将下单采购办公用品，或许会请他人看看是否需要增加一些东西，这就是在要求对方采取一定的行动。

同提供背景时一样，我们只需要几个词语就能清楚表明意图。我们只要使用表 1-1 中列举的例句，就能让谈话对象明白接收到信息后应该怎么做。

如果我们每次在就工作进行交流之初都能先简短地表明意图，谈话对象就能清楚我们希望他们做什么。这样也有助于他们决定要继续谈话，还是稍后再交谈。

如果我单纯只是想聊聊天，该怎么办?

你可能还会因为某种原因想和他人交谈，而这种原因并没有被包括在表 1-1 中。这个原因就是单纯想聊聊天。聊天的话题可以非常广泛，从分享故事、讲述最近发生的事情、闲聊八卦、单纯地发泄不满，到与工作无关的普通交谈，无所不包。

如果你想谈一些“纯聊天”的内容，请使用以下例句来表明自己的意图：

- 跟你说件有趣的事……
- 跟你说件你可能会觉得好玩的事……

你也可以用提问来表明意图：

- 想和你说件有趣的事，你现在有时间吗？
- 有兴趣知道 ××× 碰到的事情吗？
- 可以耽误你几分钟听我倾诉吗？

在此前的案例中，埃玛听完丹尼尔的话后不知道该做何反应。最后，她不得不主动提问："关于 TechCorp 科技公司，有什么是我去开会之前必须了解的吗？"而丹尼尔本可以用一句话就表明自己的意图，让埃玛有个预期："TechCorp 科技公司今天上午搞得我很是抓狂，你想听听这件事吗？"甚至简单的一句"这件事并不急"，或是"说件有意思的事情给你听……"都能让埃玛明白，丹尼尔不是要说什么大问题。只要丹尼尔说了上面任何一句话，埃玛都不用紧张 10 分钟，也能有机会将谈话推到战略规划会议之后再进行。

综合背景和意图

我们在开场白中阐明背景和表明意图后，对方就会清楚谈话的大致内容和方向。在上文的案例中，丹尼尔提出要谈谈 TechCorp 科技公司，很清楚地解释了背景，遗憾的是他并没有表明谈话的目的。

他本可以在开场白中清楚地阐明背景和表明意图。比如：

"嗨，我能跟你说说 TechCorp 科技公司吗？事情并不急，只是我觉得你或许有兴趣听听。”

这句话简单明了，埃玛听后可以自行判断谈话的轻重缓急，然后再决定是立即听听还是稍后再听。

让我们尝试为前文中提到的案例增加一些关于意图的内容：

- 我正在开展 ××× 项目，希望能得到您的建议。
- 我正在开展 ××× 项目，有件事需要您定夺。
- 我正在认真查看新的信息安全规定，有些事情必须向您汇报。
- 我们将要与客户 ××× 公司签合同，有好消息要告诉您。
- 我打算提交请假申请，望您审批。
- 我看了你发送给我的市场营销报告，觉得我们还是有希望的。
- 办公用品已经到货，但送货存在问题。
- 新预算已经制订，这是预算汇总报表。
- 我希望奖励自己的团队。能帮帮我吗？
- 我正在筹划办公室派对，有几件事情请知晓……

- 厨房水槽漏水，急需您的援手！

最长的一句话只有二十几个字，而最短的一句才十几个字。这意味着只要短短几十个字就能让谈话对象以合适的心态倾听你将传达的信息。

让我们想象一下，如果你在工作中的每次交流都能使用以上清单中的某句话作为开场，那会怎样呢？相信每次交流时，谈话对象都能清楚地知道接下来的谈话会是什么样的，并能立即以合适的心态去接收你将分享的信息。

高质量沟通小练习

再来看看前面练习中的那封电子邮件。你的意图明确吗？还是说你的意图只有隐晦的暗示？抑或你根本没有表明自己的意图？

如果邮件的意图是隐晦的或是缺失的，则收件人可能会弄不明白你为何要发送该邮件。如果可以改写这封邮件，你将会对邮件做哪些改动，以便让意图更加明确呢？

直击关键

沟通框架 = 背景 + 意图 + 关键信息

在阐明背景并清楚表明意图之后，我们就该表述关键信息了。

关键信息是归纳谈话对象必须知晓的、最为重要内容的那句话。关键信息不必总结要沟通主题的每个细节，但必须是其中最重要的中心思想。

如果我们在沟通时边听边疑惑“他们和我说这些干吗呀”，那可能是因为对方没能清楚表明意图，也可能是因为对方没能足够早地告知我们关键信息。在沟通时尽早告知对方谈话的中心思想，是成为出色沟通者的重要一步。下面这个案例将帮助我们理解这番话。

学会开车后不久，我购买了一辆二手宝马车。这是一个非常糟糕的决定，因为这辆旧车问题多多，在修理厂的时间远远超过上路的时间。每当车出了故障，我都把它拖到同一家修理厂，请同一位师傅来修理。这不仅是因为他会修理各种问题，也因为他懂得如何就顾客最关心的事情进行沟通。

每次车辆出故障，他都会在查明最新的故障原因后告知我。他清楚我最在乎什么。当人们的车停在修理厂时，最在乎的问题是这次修理要花多少钱，又要花多长时间。这位师傅不会对我念叨他必须要做哪些修理工作，也不会给我看需要更换的零部件清单。他会一开始就报给我修理的总费用，并告知修理所需的时间。所以谈话一开场，我就能知晓最核心的内容。

在告知我修理的费用和所需时间后，他会再应我的要求尽可能详细地介绍情况。他也会回答我提出的问题，并给出其他选项，以缩短修理时间或降低修理费用。这些对话让我能弄清基本情况，明白修车费用的组成。因为我早已掌握了关键信息，所以我能够把注意力放在沟通的细节上。如果这些谈话采用的是其他方式，比如说先摆出细节，那我可能对这些细节就不会那么关心；相反我会分心，因为脑子里一直在想着到底一共要花多少钱。

买这辆车让我得到两条重要的教训：

- 不要买二手车。
- 人们通常会希望先弄清楚关键信息。

让我们再来看看我和史蒂夫在走廊上就 LT-10 项目测试工作的谈话。这段谈话的关键信息是测试出现延误，工作无法按时完成。那才是我必须知晓的、最重要的信息。史蒂夫说的其他内容都与关键信息相关，但都是对关键信息的铺垫。如果史蒂夫在谈话一开始就给出关键信息，我就能更好地理解其他细节。

若对方以如下问题作为回应，则意味着我们在沟通中没能给出明确的关键信息：

- 请问你为什么和我说这些？
- 请问你希望我做些什么？
- 请问在知道这件事后，我该怎么做呢？
- 所以呢？

对方的回应不一定完全就是这几句话，但只要他们表达出类似的意思，那就是在发出强烈的信号，说明我们没有清楚阐述关键信息。

通常，这类回应也可能意味着我们没有清楚表明意图。但就算意图清楚，当关键信息含糊不清时，谈话对象也会迷惑不解。比如，我们先清楚表明意图是“希望能得到您的建议”，接下来开始侃侃而谈，可是始终没有给出明确的关键信息，则谈话对象就无从知晓该针对哪些方面给出建议。

有时候，谈话对象可能会用一两句话复述一下我们所说的内容。这是一种积极倾听的技巧，但这也可能意味着我们传递的信息不够明确，对方想努力确认。如果谈话对象对我们传递的信息进行了一番总结，可是仍不清楚我们的意图是什么，这时我们就必须先阐明关键信息，然后再继续传递新的信息。如果关键信息错误，之后的谈话只会让对方更加困惑不解。如果听完对方的复述，我们觉得“是的，这正是我想说的意思”，这说明关键信息本可以被阐释得更加明了。在这种情况下，我们无须复述自己的信息，只要肯定对方理解正确，然后再继续往下说。

任何熟悉美国军方沟通方式的人，就必定知道“BLUF”这个术语，其全称是“Bottom Line Up Front”（先说要点），也就是在传递消息时先说结论和建议，不能把这些要点放在最后。这有助于快速决策，并能帮助人们用更简短的语句传递信息。“先说要点”是明确关键信息的好方法，而关键信息则是谈话对象真正需要知晓或最在乎的内容。

上文列举的对方会回应的几个问题可以帮助你在谈话前做好准备。在设计沟通框架时请先想想：我为什么要同对方谈这些内容？我需要他们做什么？如果你自己都无法给出明确的答案，那么你的谈话对象肯定会更糊涂。这些问题也能帮我们弄清自己是真的想要沟通某事，还是单纯想闲聊八卦或发泄一下。如果我们单纯只是想聊聊天，请根据该意图设计你的沟通框架，以免你的谈话对象费力思忖该怎样处理你分享的信息。

高质量的概括关键信息

在开口说话或撰写电子邮件之前，请先想想自己可以分享哪些细节，然后想象一下如果谈话对象提出“那又怎么样”时该怎么回应。

这个问题的答案，通常就是对沟通主题中最重要、最具影响力部分的概括和描述。

“那又怎么样”并不一定意味着要去解释究竟发生了什么，有时候这代表对方希望我们说明事情的后果。通常而言，后果或影响要比事情本身更为重要。在这种情况下，事情所带来的影响就是谈话的关键信息。

为了帮助大家更好地理解，让我们来看几个案例。

> “我问了安妮情况。她告诉我，公司同戴维森集团的合作进展顺利。戴维森集团对我们处理该公司最新产品的能力还有所顾虑。鉴于双方携手可以解决所有问题，他们同意继续往下推进。他们显然很喜欢我们的演示，也有意愿签署 5 000 万美元的合同。伊桑正在安排相关文件的起草工作，今天下班前可以全部完成。”

在这个案例里，关键信息是同新的大客户签订协议。整段讲述中的所有事情和信息最终都归结到这一点上，但这个好消息被众多内容所掩盖。在介绍最新情况时，最重要的信息就是与重要客户签约，这点本应该放在最前面讲，不能被藏到最后。

关键信息：我们今天即将同戴维森集团签约。

在进行这段对话时，如果我们能先披露与新客户签约的好消息，那么其他信息听起来就会更有意义。听众也会同说话者一样为签约而开心兴奋，而不至于听了一长段话后依然茫然，猜不出事情的走向。

该案例中的情况在日常对话中经常出现。我们会分享各种信息，所讲述的故事曲曲折折、跌宕起伏。我们讲述故事时会按照事情发生的先后顺序娓娓道来，因此会不自觉地把事情的结果（通常是最重要的内容）留到最后再说。而这种做法会让简单的最新情况汇报变成无休止的絮絮叨叨。

此外，当我们开始讲述事情的起起伏伏时，对方自然也会跟着我们经历这些起伏，但他们并不清楚事情会在何时结束，所以感觉每次起伏都可能是潜在的最终结果。

“我们在按销售部门上月的要求补强系统。昨天晚上，我们发布了一个修补程序，想测试新的数据库连接情况，但某个地方出了错。现在销售部门无法使用该系统，情况可能比较麻烦。我们可能会需要些时间来解决问题，或许要一星期的时间。”

在这个案例中，关键信息是销售系统会瘫痪约一星期的时间。其他的细节都是在介绍该情况是如何出现的，又为何会出现。谈话对象可能会问：“这种情况是怎么出现的？”但他们首先需要懂得：“那又怎么样”。

关键信息：销售系统瘫痪了，需要一星期的时间才能修复。

100 来个字的话可以浓缩成 10 来个字。这么做会让信息的传递速度更快，也会让核心内容更明确。

这个案例很简短。原来的版本有 100 来个字，说完这些内容只需要 30 秒左右，所以说话对象用不了多少时间就能明白谈话的重点所在。但如果那段话更长呢？谈话对象要用多长的时间才能抓住重点呢？

再想想看，你在进行工作沟通时，是不是有时需要 3 分钟、5 分钟，甚至是 10 分钟才能抓住谈话的重点？你需要等待较长时间才懂得谈话重点的这种情况会频繁出现吗？

在你开始的谈话中，另一方是不是也要花点儿时间才能懂得谈话重点？如果存在这种情况，请你尝试对沟通框架进行设计，并在谈话最初的 15 秒钟内就挑明关键信息。

让我们再看一个案例。在这个案例中，你将看到缺乏明晰的关键信息会如何导致沟通过程像坐过山车一样大起大落。

> “我姑妈摔断了手臂。她人没事，哥哥会到她家陪她几星期，给她帮帮忙。哥哥在家办公，在姑妈家时可以继续工作，所以没关系。不过吧，他不在家时，他妻子要出门就没那么容易了，他们家只有一辆车。下星期我女儿放期中假，放假期间嫂子通常白天可以帮我看小孩。你知道吧，现在我嫂子没法帮我从学校接女儿，我也没找到人照顾小孩。此外，我妻子又出差了。当前的项目工作我已经完成了大部分，而且我也同埃玛说过，她说她可以帮我处理其他所有的事情。所以，我下星期可以请假吗？”

哇！事情真复杂。可能看到一半时，你已经明白究竟发生了什么事情，但直到看完最后一句话你才能确定自己理解得没错。其实这整段话可以用一句话来概括："请问我下星期可以请假吗？"说话者可以在说了这句话之后再接着讲述详细的情况。

关键信息：请问我下星期可以请假吗？

但愿多数中层管理者在这种情况下能有一定的同理心。问题是在他们弄明白对方是想请假之前，根本无从评估和理解这一大段话。他们就像是在坐过山车一样，情绪起起伏伏，直到说话者讲到重点。如果说话者开场时就表明其关键信息是想要请假，或许能更快得到中层管理者回复"没问题"，然后继续当天的工作。

以下列举了更多适用于普通工作场合的简要关键信息。每条关键信息对应更复杂的主题，但面对"那又怎么样"时，我们用这简单的一句话就能回答。所有的解释和辩解都被剔除了，只留下关键信息：

- 我们刚刚签下一个新客户。

- 团队实现了服务水平方面的目标。
- 我们经验最丰富的开发人员打算离职了。
- 系统出了故障，修理工作需要一个星期的时间。
- 我们超预算了。
- 我们将提前完成。
- 我没能在规定时限完成，顾客很不高兴。
- 客户要求延长时间。
- 你获得了 ××× 奖项的提名。

这些例句显示，关键信息可以是好事，也可以是坏事，只要你给出的关键信息中涵盖了需要沟通的要点就没错。

在我们对沟通框架加以设计后，谈话就会按照我们的预期进行。但框架不能取代谈话，我们依然要进行谈话，分享相关的背景和细节。就如同那位汽车修理工所知道的：列出关键信息后总会有时间去详谈。

高质量沟通小练习

让我们再看看上一个练习中的电子邮件。其关键信息明确吗？关键信息在邮件的开头就列出来了吗？你是否明确地阐述了邮件的要点，还是收件人不得不自己去找要点？你会做哪些修订和增补，以便在最初几句话中就挑明要点？

组合三要素

沟通框架 = 背景 + 意图 + 关键信息

现在，我们已经讨论了沟通框架的三要素，即背景、意图和关键信息，也已经了解到各要素会从哪些方面提供宝贵的信息，但若分开来看，这三要素并不能提供完整的信息。

本部分内容将介绍如何组合这三要素，并形成简明扼要的陈述，以便在工作沟通中快速明了地开场。这件事情听起来简单，做起来也容易。我们先针对这三要素分别造句，然后再将这三个句子组合成一个长句即可。

阐明背景 + 表明意图 + 直击关键

让我们先来看几个示例。

示例 1：

- **背景**：我正在争取 ××× 公司这个客户。
- **意图**：我有好消息要告诉你。
- **关键信息**：我们刚刚签下了这个新客户。

示例 2：

- **背景**：我刚看完你的报告。
- **意图**：请你解释几个问题。
- **关键信息**：我想了解对时间表所做的调整。

示例 3：

- **背景**：我看了新的 IT 政策。
- **意图**：我需要你开展相应的工作。

- **关键信息**：我们的防火墙不再符合要求。

示例 4：

- **背景**：我想奖励自己的团队。
- **意图**：有些事你应该知道……
- **关键信息**：我将使用所有的奖金预算。

示例 5：

- **背景**：我正在实施 ××× 项目。
- **意图**：有些事你应该知道……
- **关键信息**：我们错过了截止期限，但客户表示没关系。

示例 6：

- **背景**：厨房水槽漏水。
- **意图**：我需要你的帮助。
- **关键信息**：能帮忙找一个水管工吗？

这些示例中，三句话加起来也就二三十个字，不用 15 秒钟就可以说完。每个示例都包括了明晰的背景、明确的意图，以及足以回答“那又怎么样”的关键信息。

现在我们已经清楚了怎样为高质量沟通设计框架，让我们再回头看看此前史蒂夫的案例。LT-10 项目的测试工作出现了延误，该怎样设计恰当的沟通框架，以便帮助史蒂夫在短短几秒钟内明确地传递信息呢？

我们先简要回顾一下那个案例：史蒂夫在我去吃午饭的路上叫住了我，他说了好几分钟后我才找到机会插话，问他谈话主题究竟是什么，他又希望我做什么。最终，史蒂夫点明关键信息，即无法按时进行重要的产品发布。

- **背景：**我正在测试 LT-10 项目。
- **意图：**我们遇到了一个问题。
- **关键信息：**我们的完成时间会要比计划晚一个月。

如果史蒂夫使用这几句话，或任何类似的话来开场，我一开始就会明白他到底想说什么。

有了沟通框架，大多数信息都能被更加迅速、清晰地传达。沟通框架是一个很简单的概念，但只有加以练习你才能用好它。请从今天就开始在谈话中对其进行练习。最初你可能会感到尴尬，但谈话对象会理解我们的努力。练习越多，我们就越能适应该技巧，也就能在更短时间内提高沟通的效率。

设计优质的沟通框架可能会花掉你几分钟的时间，这或许会让你有所顾虑，但请想想看，这几分钟很快就会带来回报：谈话时间将会缩短，对方将能更好地理解你传递的信息，并理解你对他们有何期望。

高质量沟通小练习

让我们再来看看此前练习中的那封电子邮件，请你运用设计沟通框架的方法撰写新的开场白。现在，这封电子邮件的开场白是否更加明了，内容本身是否更具意义？这封邮件的篇幅可以再缩短一些吗？

如果此前的电子邮件已经具备了沟通框架的三要素，那说明你做得很不错，正在向成为出色沟通者的方向迈进。若邮件只有其中一两项框架要素，或是一项都没有，那此前介绍的沟通框架设计方法一定能派上大用场，它将帮你在沟通中轻轻松松地设计出简单明了的开场白。

接下来你需要和团队、上司或其他部门的同事就哪个主题进行沟通？请用几句简短的话介绍该主题的背景、意图和关键信息，并将其写下来。最后，请将这张纸随身携带，并在谈话开场时作为参考。

多主题综合沟通框架

我们在工作中的谈话多半涉及两个或多个主题。当谈话仅针对一个主题时，我们在起草开场白时只需稍加思考和组织；但当谈话涉及多个主题时，要设计明了开场白的难度就会有所增加。

如果我们想在一次谈话中涉及两个或多个主题，谈话对象出现混淆和困惑的风险就会急剧上升，此时清晰明了的沟通框架将变得更加重要。你或许对那种混淆和困惑有过切身体会，比如你也许曾在谈话中问过对方："我们还在讨论 ×××，还是已经转入新主题了？" 当谈话对象困惑于谈话是否已经转入新主题时，就是谈话缺少沟通框架的明显信号。

读到这里，本书此前所有内容都是在讨论单一主题谈话的框架设计。这类框架只有一个背景、一个意图和一条关键信息。当谈话主题为两个或多个时，背景会变得复杂，每个主题的意图会有所区别，而且关键信息也多种多样。如果我们不能对开场白进行有效的设计，这些沟通很快就会"脱轨"，关键信息会掺杂在一起，谈话要点也可能会被漏掉。

多主题混杂的情况一般出现在电子邮件中，这也是很多人都经历过的。你是否也曾在一封电子邮件中讨论过两个或多个问题，并奇怪收件人回复时怎么只回答了其中一个问题？我们通常会责备收件人没有认真阅读电子邮件，害得我们不得不再次发送邮件或打电话以获取所有问题的答复。

事实上，我们不应该指责他人，而是应该认真查看自己发出的那封邮件。撰写邮件时，我们是否清楚指出了自己有多个问题待讨论？从电子邮件的内容来看，每个问题是否都能被清楚辨认出来，还是被隐藏在众多段落中难以辨别？通常情况下，对方的答复之所以不完整，原因在于我们的提问架构模糊，收信人难以看出信件中包含了多个问题。

使用电子邮件进行沟通时，收件人可反复阅读邮件，但即便这样也依然容易将邮件的多个主题混淆。而沟通时，信息交流是实时进行的，谈话对象要想完全跟上多个主题就更是难上加难。

实际上，我们在工作中进行交谈时，很多时候会涉及多个主题，由此便会导致主题的混淆。但如果我们能对谈话的框架进行正确设计，就能降低产生混淆的可能性，进行多主题谈话的难度也会随之下降。

涉及多个主题的处理方法

沟通框架的三要素不仅能帮我们组织谈话的开场白，还有助于分析谈话是否涉及多个主题。

让我们先从背景开始。如果你要针对每个主题分别阐明背景，则需要设计多个主题的框架。如果你想要讨论两个不同的项目、客户或状况，那么谈话就会涉及两个主题。

一个以上的背景 = 一个以上的谈话主题
= 一个以上的沟通框架

倘若我们在检查完背景后，发现只涉及一个主题，那么就再来看看沟通的意图。如果你希望谈话对象采取两种不同的行动，那就是两个主题。针对某个主题，你不可能既告诉对方所谈的信息仅供参考，又要求对方对此采取行动或做出决定。这是两种截然不同的意图，那么你就应该准备两份不同的消息。

一个以上的意图 = 一个以上的谈话目的
= 一个以上的沟通框架

如果只有一个背景和一个意图，那么通常只需要设计一个沟通框架。下面的案例展示了如何在一个主题中更新两项或多项工作的最新情况。

“老板，您好。我们已经完成文件审查，有几点需要向您汇报：首先，事情都处理好了，乔安娜已经在审查报告上签字。其次，我们打算向法务部借用几位实习生，以帮助我们完成文档的整理工作。法务副总裁拉里已经同意了。”

在这个案例中，背景就是文件审查，而意图就是汇报最新情况。关键信息有两点：审查报告已经签字，借用实习生。这里有两条关键信息，且互不相干，但它们的背景和意图是相同的。

如果关键信息有两条，通常情况下需要设计两个不同的沟通框架。这是因为这些关键信息的意图不同。如果我们在谈话中无法将不同的主题清楚区分，就可能导致所谓的“伏击”。

如果沟通框架仅有一个意图，而关键信息却与另一个意图相关时，就可能出现“伏击”的情况。说话者阐述的是一件事，随后却又提出另一件事。让我们借用上文中文件审查的案例来加以说明。我们将案例的关键信息稍做调整，就可能会出现“伏击”的情况。

“老板，您好。我们已经完成文件审查，有几点需要向您汇报。首先，事情都处理好了，乔安娜已经在审查报告上签字。其次，我们打算向法务部借用几位实习生，以帮助我们完成文档的整理工作。是否可以请您为此征询法务副总裁拉里的意见？”

本段内容的意图本是“有几点需要向您汇报”，但在最后又提出请老板向拉里借用实习生。在听到第一个意图后，这位老板可能没有想过自己需要向法务副总裁提出要求。虽然这只是小事，但没人会喜欢出其不意地对别人提出要求。这段对话本该针对两个主题进行沟通框架设计，一个是情况汇报，另一个是请求帮助。

在谈话对象说完后，如果你也曾有过“等等，什么？”这种感叹，那可能就是遭遇到了这类“伏击”。当所接收到的信息与期待听到的内容不匹配时，就可能出现这种情况。有时候是因为所接收到的信息令人大吃一惊，但更多“伏击”的出现是源于沟通框架没有得到正确的设计。

为了确保自己在设计沟通框架时所针对的只是单一主

题，请认真检查你的关键信息：关键信息中是否包括两重或多重内容？这些内容是否适用于同样的背景和同样的意图？若是，请针对每个主题设计不同的沟通框架，以确保谈话对象能接收到清楚明确的信息。

当关键信息不止一条时，通常意味着我们需要设计多个沟通框架。

如何清楚区分两个主题

涉及多个主题的沟通可以采用综合沟通框架，该技巧也遵循前文所介绍的原则。

首先，针对希望讨论的每个主题设计基本的沟通框架。切记每个主题都必须有单独的沟通框架，然后再针对整个谈话设计一个综合沟通框架。

这种方法要求我们为整个谈话设计一个整体框架，以便让谈话对象明白接下来会讨论不同的主题。此后，我们将依次针对每个主题进行讨论，每个主题的讨论都是一段单独的谈话。每段单独的谈话都有其框架，并依照该框架进行。

完成一个主题后，我们就可以切换到下一个主题，直到所有主题都得到讨论。

探讨一开始，谈话对象就清楚将会讨论多个主题。在谈话过程中，每个主题都是独立进行的，而且都有清楚明了的沟通框架来开场。这样谈话对象就能更轻松地从一个主题切换到另一个主题，不会产生混淆。

怎样将多个独立的主题设计在一个沟通框架中？

蒂莫西要同团队负责人讨论三个主题：

- 就如何处理最近的发货问题提出建议。
- 决定获奖提名。
- 批准休假。

蒂莫西清楚团队负责人事务繁忙，所以他希望谈话尽可能地简明扼要，于是针对要沟通的内容综合设计了一个沟通框架：

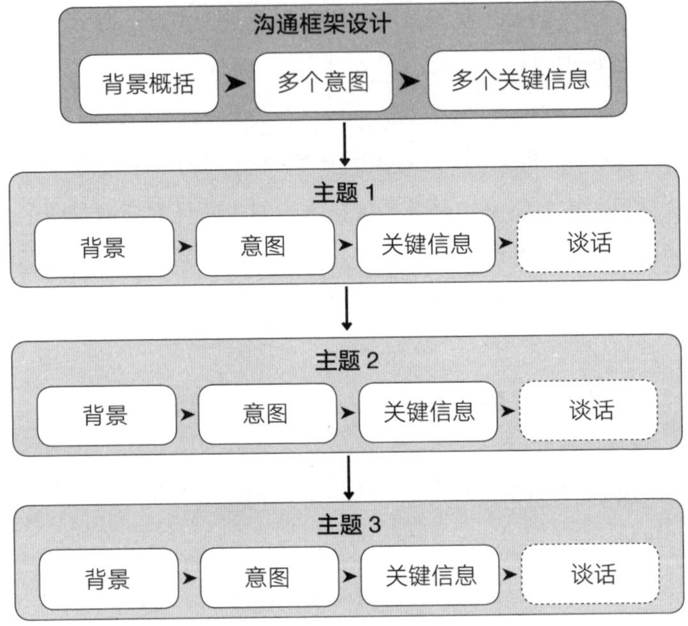

- **背景：** 我想和您讨论三件事。
- **意图：** 请您提建议，并决定几件事。
- **关键信息：** 我们在办公用品发货方面出现了问题。关于 ××× 奖项，我想提名戴夫。另外，我想请假。

在设计多个主题的综合沟通框架时，其背景必须表明要讨论多个主题。人们通常会在这一点上摔跟头，因为他们认为这么做会让事情变得更加复杂。请用尽可能简洁的语言来阐述所有意图。如果你要讨论多个主题，请一定向谈话对象清楚表明这点。沟通意图是用一句话概括不同主题的不同意图，关键信息则是综合每个主题的不同关键信息。

在设计综合沟通框架时，我们不用拘泥于“二三十个字”这个目标。在为多个主题设计沟通框架时，我们用到的字数会更多。

这个方法不管是对我们还是对谈话对象来说都大有裨益：

- 它能帮助我们组织想要讨论的主题，让讨论变得清晰明确、有条有理。
- 谈话对象可以快速接收并理解不同主题，并评估自己应该优先处理哪个主题。

时间在职场中非常宝贵，谈话对象可能只有深入探讨一个主题的时间。他们或许对某个主题特别感兴趣，或者是因自身的需求而希望能先探讨某个主题。只有为整个对话设计综合沟通框架，谈话对象才能轻松选择想要继续讨论的主题，并决定按照何种顺序来进行讨论。

同一背景下多个主题沟通框架

我们常常需要阐述多件事情或者提出多个要求，而这些事情或要求都与同一背景相关。这种情况很可能导致谈话对象产生混淆，因为多个主题很容易就会被混为一谈。对沟通框架进行设计，将同一背景下的多个主题进行清楚区分，这种做法有助于我们在每个主题之间清楚地划分出界限。

安德烈娅在保险公司负责理赔工作，她的团队最近开始接手一个新区域的工作，她希望向上司汇报上一个星期发生的事情。安德烈娅打算重点谈两个内容，并为此针对每个主题设计了沟通框架。

主题 1：

- **背景：**新区域的工作启动。
- **意图：**事先告知 / 仅供参考。
- **关键信息：**全职员工团队所有关键业绩指标都已超额完成。

主题 2：

- **背景：**新区域的工作启动。
- **意图：**请做定夺。
- **关键信息：**是否应该解除所增加人手的合同？

在针对两个主题设计沟通框架后，安德烈娅认为谈话的开场白必须能清楚表明这两个主题是相互独立的。她明白最新的绩效情况同增加团队人员之间存在一定关联，但两者不能混为一谈。安德烈娅希望全职员工团队的出色绩效得到公司的认可，但公司不能因此解除所增加人手的合同。

安德烈娅为整个对话设计了一段开场白，清楚表明有两个内容待讨论：

> “我想向您汇报新区域工作启动的最新情况，重点是两个内容。一是汇报团队出色的表现，另外也请您就增添人手做定夺。”

安德烈娅的开场白运用了沟通框架的三要素：

- **背景：**从两个方面谈新区域工作启动的最新情况。
- **意图和关键信息 1：**汇报团队出色的表现供参考。
- **意图和关键信息 2：**请就增加人手的问题做定夺。

在这个案例中，谈话背景涉及与新区域工作启动相关的两个主题。其意图非常清楚，一个是汇报情况，一个是需要谈话对象做定夺。安德烈娅在进行详细情况的阐述之前，将针对不同意图的关键信息的两个主题清楚地摆了出来。

如何针对同一背景下的两个主题设计沟通框架？

在针对同一背景下的多个主题进行谈话时，我们在开场时阐述的沟通框架要能够介绍整个谈话的背景；此后，我们再针对每个主题就其意图和关键信息展开谈话。

在背景概括完成后，我们就可以根据双方在讨论顺序上的意愿，遵照沟通框架依序开始主题 1 和主题 2 的讨论。完成第一个主题的讨论之后，我们要针对第二个主题先明确沟通框架，然后再继续谈话。这样可以将两个主题清楚区分，以避免混淆。

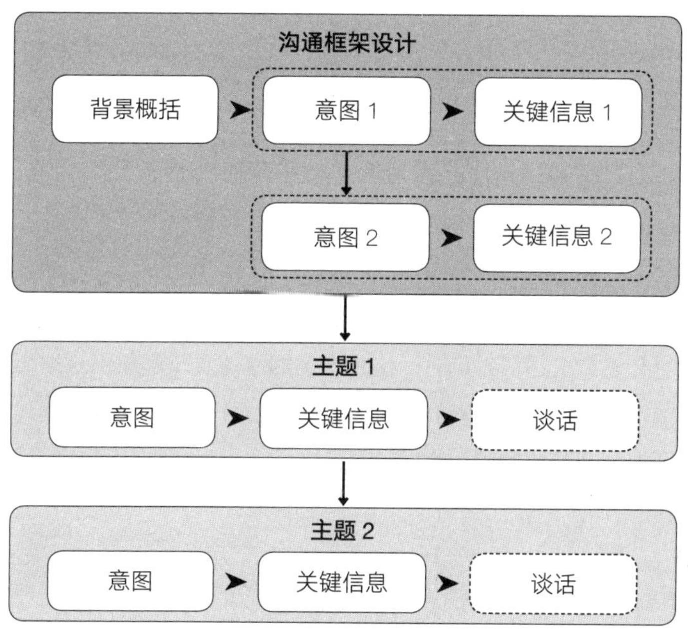

如果我们在切换主题时想确保对方注意到主题的切换，那就需要再增加一步。在结束第一个主题后，我们可以再次强调整体的沟通框架，重申有两个（或多个）主题待讨论。对整体沟通框架的重申可以提醒谈话对象注意话题的转变。

他们会在思想上做好接收新信息的准备，我们的谈话也会显得非常有条理性。

如何在切换谈话主题时重申整体沟通框架？

有时候，我们在讨论第一个主题时会过于深入细节，忘记了还有第二个主题等着讨论。在这种情况下，重申沟通框架的做法就像是张安全网。就算我们忘记了第二个主题，谈话对象或许也会记得提醒我们。只有你在开场白中清楚表明有多个主题待讨论时，这张安全网才能真正起作用。这短短 10 秒钟的说明就可以帮助你避免在结束谈话后才沮丧地发现自己漏掉了某个主题。

高质量沟通小练习

你最近发出的电子邮件中，是否有某封邮件的内容涉及两个或两个以上主题？你是否在邮件的开场白中就明确指出了要讨论的内容不止一个？请尝试改写该邮件的开场部分，为多个主题的沟通设计明确的沟通框架。

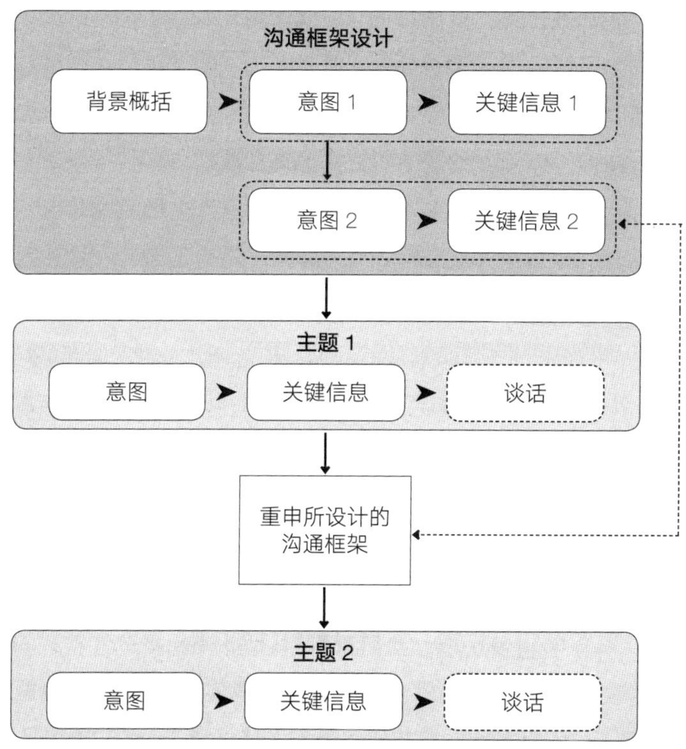
沟通框架设计
背景概括
意图 1
关键信息 1
意图 2
关键信息 2
主题 1
意图
关键信息
谈话
重申所设计的
沟通框架
主题 2
意图
关键信息
谈话

接下来你是否有同下属、同事或上司进行多主题谈话的打算？请预先做好计划，记录下你希望探讨的主题。这些主题的背景相同，还是涉及不同的背景？请选择最合适的沟通框架设计方法，用文字写下背景、意图和关键信息，起草谈话的开场白。有了优质的沟通框架后，你就可以在谈话时参考使用，以确保谈话按照自己的预想进行。

我们在前文讨论了如何在谈话最初的 15 秒钟内明确沟通框架，那么接下来怎么做呢？如果谈话主题相当复杂，我们又要如何组织接下来的内容呢？我们如何能用几分钟的时间概括一个庞大的主题呢？如果某段信息涉及多个可变因素，或者有一个详细的背景故事，我们又该如何设计自己的信息呢？

谈话要取得成功，不能单靠高质量的框架介绍。在接下来的章节中，我们将会探讨所谓的“GPS 概述法”。你会发现不管主题多复杂，我们都可以通过 GPS 概述法将内容汇总，并在 1 分钟内将其清楚概括。GPS 概述法不仅简明扼要，还能起到承上启下的作用。在谈话或会议中，如果大家不再需要回顾所讨论主题的来龙去脉，而是可以将全部精力都放在如何解决问题上，该谈话或会议将会富有成效。让我们继续往下读，以了解相关内容。

在工作谈话和沟通中，要想提醒自己使用这些开场技巧，一个简单的方法就是在办公桌上设置显眼的“提词器”。你可以将沟通框架的三要素写在即时贴上，然后将其贴在书桌上或电脑屏幕旁。

本章小结

恭喜大家！我们已经完成本书第 1 章的学习，懂得了沟通框架的三大核心要素。

- **背景：**让谈话对象将所有注意力放在你想要探讨的主题上。
- **意图：**清楚表明谈话对象在接收信息后应该怎么做。
- **关键信息：**用一句话总结自己的中心思想。

你现在可以为有一个、两个或两个以上主题的谈话设计沟通框架了。就算每个主题的意图和关键信息各有不同，你也可以在一次对话中涵盖多个主题，并尽可能地避免主题混淆。

第2章

16到60秒：完成概述

GPS 概述法 = 目标→问题→解决方案

THE FIRST MINUTE

在讨论庞大且复杂的话题时，如果开场白能做到简明扼要、清晰易懂，岂不是更好吗？

沟通课通常告诉我们说话要言简意赅，首先要对谈话主题进行概述，但这些课程不会告诉我们怎么进行概述。懂得要做什么是一回事，而懂得怎么做又完全是另一回事了。要解决这个问题，就要使用我称之为“目标、问题、解决方案”的方法来进行系统性的概述。

如果你还不明白这种方法为何可以用来介绍谈话主题，那么请再看看上一段文字。这段文字就使用了“目标、问题、解决方案”方法，简称 GPS 概述法。

- 目标：在讨论庞大且复杂的话题时，如果开场白能做到简明扼要、清晰易懂，岂不是更好吗？
- 问题：沟通课通常告诉我们说话要言简意赅，首先要对谈话主题进行概述，但这些课程不会告诉我们怎么来进行概述。懂得要做什么是一回事，而懂得怎么做又完全是另一回事了。
- 解决方案：要解决这个问题，就要使用我称之为“目标、问题、解决方案”的方法来进行系统性的概述。

高质量的概述是清晰沟通的关键所在。没有清楚明了的概述，谈话对象在思考你所分享的信息时就会缺少参考。在这种情况下，事情可能会快速向错误的方向发展。让我们来看看在沟通中会犯的一些错误。

错误 1：过于快速地深入探讨细节。

当谈论的主题有多个要点时，如果我们没有对整个主题先进行概述，而是一开始就针对第一点进行深入的探讨，摆出大量的细节，这就是犯了“过于快速地深入探讨细节”的错误。当说话者立即深入探讨某个主题时，谈话对象很快就会思路混乱、迷失方向。因为缺少全面的概述，谈话对象不清楚每个要点的细节与整体有何关联。究竟哪个要点最重要，哪个要点与整体的关联性最弱呢？这些只有说话者清楚。导致这种情况的原因有很多种：

- 说话者按照事情发展的顺序来一一列举。
- 说话者认为谈话对象需要先掌握所有的细节，之后才能理解自己的意图和关键信息。
- 说话者本身的意图不明确，也不肯定自己到底希望谈话对象做出何种反应。

错误 2：偏题。

说话者有时会闲聊或谈论一些似乎与原对话主题无关的内容，这时往往会无所适从，迷惑不解。这种现象在工作中常常出现。

错误 3：纠结过去，不能着眼于未来。

在谈话中，有多少时间被我们用来讨论问题的来龙去脉，而非解决方案？当问题出现，我们通常会花大量的时间去阐述问题产生的原因。旨在解决问题的会议会花上 80% 的时间去讨论问题本身和产生的原因，只有等到会议行将结束，在人人都发表了自己的意见之后，会议的重点才会切换到下一步该做什么。而此时会议即将结束，已经没有足够的时间就问题的解决方案进行卓有成效的讨论了。这也就是为什么有些会议的结论就是宣布继续召开下一次会议的原因。

多数沟通培训课程都介绍了这些问题，解释了为什么要避免这些陷阱，甚至提出了相应的方法，例如“简明扼要”或“每次谈话只选择一个主题”。但这些培训课程通常没有提供具体的工具，也没有告诉大家如何才能做到简明扼要，或者是谈话者如何选择一个主题来重点关注。

本章将介绍如何使用 GPS 概述法进行高质量的概述。借助该方法，你可以清楚明了地进行各种主题复杂的沟通。

本流程只有三步，说完所需时间不到 45 秒，正好同 15

秒钟的沟通框架介绍一起组成第 1 分钟开场白。

我们可以在谈话的第 1 分钟内通过 GPS 概述法让谈话对象简要了解他们将要接收到什么样的信息、我们对他们有何期望，以及他们接下来要怎么做。

本章讨论的 GPS 概述法有一个简单的三句式架构可供套用。借助该架构，你可以用短短的三句话来对所有信息进行总结，而且不受主题复杂程度的影响。不管我们传递所有信息需要的是 5 分钟还是 55 分钟，这些内容都可以用不到 1 分钟来进行概述。

谈话的真正目的是什么

在进行高质量概述之前，我们先要弄清楚多数工作谈话的真正目的是什么。

让我们先把以社交和闲聊为目的的谈话放在一旁。多数工作谈话是为了解决问题、应对挑战。有些谈话表面看来可能不涉及工作中的任何问题，但从深层次去看，我们会发现这些谈话的目的依然是为了解决问题。所有公司都有其目标、指标和各种截止日期，而我们多数的日常工作就是为了实现这些目标和指标，这就要求我们尽可能避免或预防问题出现。

工作中会遇到的问题有几类，比如一些比较日常的问题：

- 办公用品用完了。
- 没法同会计部门的简约到时间。
- 必须实现销售目标。

一些比较重要的问题：

- 团队没有完成关键绩效指标。
- 整个客服系统崩溃，我们必须处理。

有重大影响的问题：

- 我们赢得了奥运会的举办权，必须成功举办。

这些问题各有各的复杂性，也各有各的影响、挑战和时间要求。不管主题是深奥复杂还是平平无奇，我们都必须加以解释，以便让谈话对象能快速理解并吸收。

从本质上来说几乎所有的工作沟通都是为了解决问题。明白这个道理后，我们在任何状况下针对任何主题进行概述都会变得更加简单。运用该三句式架构，我们还能避免前文介绍的种种沟通问题。

沟通不应该聚焦于问题本身，而是应该专注于如何解决问题。

既然工作沟通的目的是解决问题，那么我们的沟通就应该着重于澄清问题，并力争一步步向解决方案靠近。剔除各工作场景的背景和具体情况之后，我们需要同他人交谈的问题只会有三种情况：

- 我们遇到一个问题，必须找到解决方案。
- 我们遇到一个问题，想就解决方案提出建议。
- 我们此前遇到了一个问题，但该问题已经解决，现在要对解决的情况进行汇报。

以上没有包括遇到问题但想隐瞒的情况，因为我们深知本书的读者不会想要去隐瞒同工作相关的问题。

由于我们在工作中试图传递的信息类型是有限的，所以要建立概述模型也就相对容易。

如何进行高质量的概述

对问题进行概述的最简单方式就是运用目标、问题和解决方案三个部分。这种由三个部分组成的架构非常适合作为工作对话中的开场，它同时适用于简单和复杂的谈话主题。

GPS 概述法由三个部分组成：

- **目标**：你希望实现的。
- **问题**：阻碍你实现目标的问题所在。
- **解决方案**：我 / 我们 / 你将如何解决问题。

目标（Goal）、问题（Problem）和解决方案（Solution）三个英文单词的首字母缩写正好是 GPS，简单易记。GPS

本意是导航设备。在本书中，GPS 概述法也是一种导航工具，可以告知谈话对象你想去往哪里，强调在前往目的地的途中存在哪些障碍，并介绍通往目的地的路线。

GPS 概述法的三个部分缺一不可

目标、问题和解决方案是独立的三部分，它们共同组成完整的信息，所以我们不能将其合并在一起。

目标和问题是最容易被混淆在一起的。人们常常发现自己在介绍目标时会把问题也放在一起混为一谈，这是因为大家一般认为目标就是解决问题，所以会用一句话来综合介绍这两个要素。实际上目标和问题是截然不同的，必须严格加以区分。目标是你想要实现的目的，问题是你在实现目标的过程中遇到的麻烦。

目标是你力争去做或取得的成果。

例如：拿到旗子。

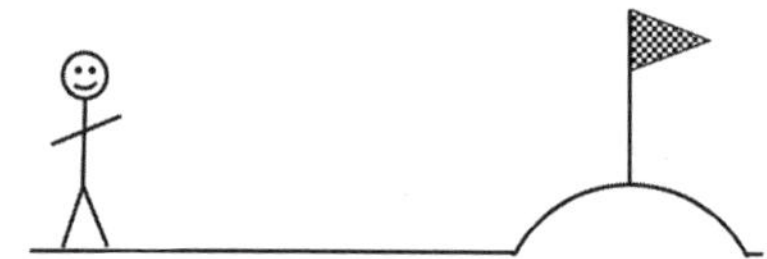

问题是你在实施过程中遇到的麻烦。

例如：拿旗子的路上碰到了障碍。

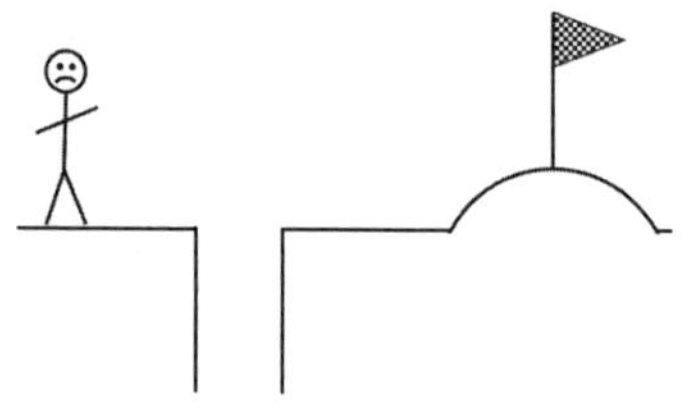

解决方案是你将如何克服那个麻烦，并实现自己的目标。

例如：建桥跨过障碍。

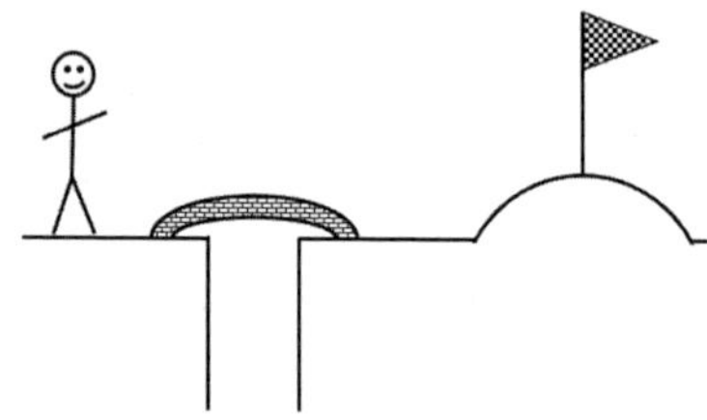

不知道解决方案该怎么办？

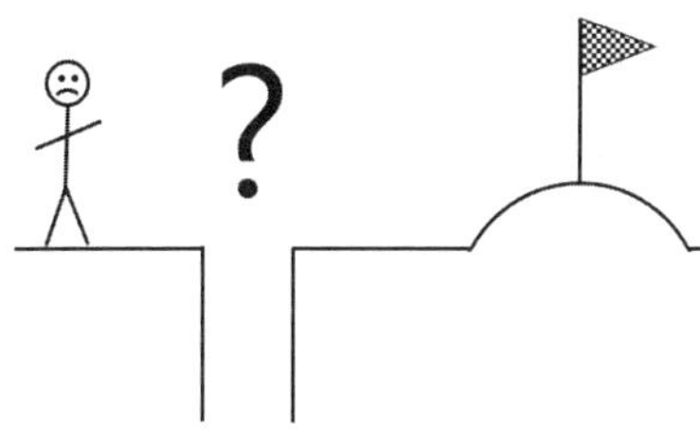

在开始谈话时，你不需要知道问题的解决方案是什么。

还记得上文谈到的出现问题后的三种情况吗？

- 我们遇到一个问题，必须找到解决方案。
- 我们遇到一个问题，想就解决方案提出建议。
- 我们此前遇到了一个问题，但该问题已经解决，现在要对解决的情况进行汇报。

在第一种情况里，我们没有问题的解决方案，所以沟通的目的就是帮助自己找到解决方案，或者至少是向解决方案迈进一步。这是一种比较简单的情况。在阐述目标和问题后，你可以针对解决方案的要素说：“请帮助我解决该问题。”

请求对方施以援手，帮助自己找到解决方法，这是针对第一种情况最简单的方案，但并非最佳方案。

通常情况下，就解决方案提出建议好过毫无头绪地只是求助。一方面，如果你对怎么解决问题毫无头绪，那么沟通就是在请其他人帮你解决问题；另一方面，如果你自己针对解决方案有些许想法，就算不清楚这些想法正确与否，沟通也只是在请其他人提出建议。请他人额外花工夫帮助你和请教他人对自己方案的看法与意见，这是两种截然不同的情况。没有人想额外多做事情，但多数人还是乐于有人向自己征询专业建议的。

请他人帮忙并没错，但前提是你的确对如何解决问题一头雾水，否则就应该在征询他人建议前力争自己提出一两点解决思路。

能够提出解决方案是高绩效者的非凡之处，他们也常常会寻求他人的帮助，但在开始谈话时他们一般会率先提出自己的看法以推动讨论。

短小精炼

切记，GPS 概述法相当于是谈话的引言，而非完整的谈话。GPS 概述法的目的不是用短短几句话把所有信息都涵盖其中，而是要用简明扼要的语言为对方概括接下来的谈话内容。

当我们通过 GPS 概述法来构思引言时，谈话对象能轻松知道接下来要说什么，以及我们有何需求。引言会按照逻辑顺序告知对方谈话要点，明确提出有待解决的问题，并在最后将重点放在行动上。

让我们来看几个案例。

举例不难，难的是要解释案例中的人物是如何构思出高质量概述的。如果我将整个过程事无巨细地讲给大家听，介绍怎样通过目标、问题和解决方案三个部分从杂乱无章的引言构思出简明扼要的架构，那么我就要用冗长的段落把工作中常见的谈话内容转为文字，并杂乱无章地把关键点和信息列出来。这实在是浪费纸张，读者读起来也甚是乏味。

因此我改为列举不同情况下的高质量概述案例并进行说明，大家在实际工作中可以参考这些案例自行练习。

> 这些案例中都包括了沟通框架的设计过程，旨在告诉大家沟通框架和 GPS 概述法是怎样相辅相成地呈现清晰明了的信息的。GPS 概述法本身就是谈话内容的总结，而与沟通框架的联手则可以创造更佳效果。

案例 1：萨姆在一家运输公司的客服中心工作。他找到上司汇报公司客户戴维森集团不满货物在运输途中丢失的事情。

萨姆先是介绍了自己这个星期首次同客户就货物丢失进行沟通的情况。他完整地讲述了给客户打电话的整个过程，并按顺序列举了自己在过去两天为寻找该货物所开展的工作。最后，他表示该客户希望公司退款，为此他需要经理的帮助和授权。

在萨姆的讲述过程中，经理就这件事提了几个问题，试图了解整个情况，于是萨姆 5 分钟的解释就变成了 10 分钟。当经理指出萨姆寻找丢失货物路线中的哪些地方可能出错时，俩人的谈话数次偏离正轨。

最终，经理在谈话结束时并未批准退款，他需要更多的时间和萨姆核对一下细节。萨姆失望地回到工位上，不知道该如何处理客户的赔款申请。他的经理则因为在这个问题上花费了太多时间而颇感懊恼。

在这个场景中，两个人花了 10 分钟的时间才谈到关键信息。你知道这段谈话的关键信息是什么吗？关键信息就是萨姆需要经理授权对客户进行退款，并且帮助他寻找丢失的货物。

如果萨姆在最初能够系统性地进行概述，经理马上就能懂得他需要退款授权，并希望自己能帮忙寻找货物。采用 GPS 概述法后，我们将得到如下概述：

> “我刚刚同戴维森集团通过话，想请您帮忙解决一个问题。他们没有收到上一批货，希望公司能退款。戴维森集团上个月预付了一批货的运费，但没有收到货。我们必须解决这个问题。我没找到这

批货，而退款金额也超出了我的权限。您是否能授权给客户退款，并帮我寻找那批丢失的货物？”

- **背景**：我刚刚同戴维森集团通话。
- **意图**：想请您帮忙解决一个问题。
- **关键信息**：他们没有收到上一批货，希望公司能退款。
- **目标**：戴维森集团上个月预付了一批货的运费，但没有收到货。我们必须解决这个问题。
- **问题**：我没找到这批货，而退款金额也超出了我的权限。
- **解决方案**：您是否能授权给客户退款，并帮我寻找那批丢失的货物？

这个版本的信息相当清楚明了，而且可以被快速传达。如果萨姆在谈话最开始能进行这样的概述，经理在不到 30 秒内就能了解整体情况。之后，两个人可以立即开始讨论具体情况，并对萨姆寻找丢失货物的方法进行评估，也可以将这些谈话内容放到更为方便的时间再进行。也就是说，经理得以快速评估当前的情况，并采取合适的举措来帮助萨姆。

使用 GPS 概述法并非不能就详细情况进行深入探讨，只是不要立马进行细节性的谈话。GPS 概述法让交谈双方专注于如何解决问题上，以避免深陷细节之中，谈话对象也将有机会决定是否继续谈话。

案例 2：一位技术分析师在学习了政府关于支付数据防火墙的指南后，与 IT 负责人就该指南进行讨论。

以下是采用了沟通框架和 GPS 概述法的简洁谈话版本：

> “我认真了解了新信息安全政策。我们的防火墙不再符合要求，我们必须有所行动。新行业规范要求所有商业交易必须有 5 道防火墙，以确保支付数据的安全。可是我们当前的软件只能提供 4 道防火墙。我们必须制订软件升级计划并且提交领导层审批。”

- **背景**：我认真了解了新信息安全政策。
- **意图**：我们必须有所行动。
- **关键信息**：我们的防火墙不再符合要求。
- **目标**：新行业规范要求所有商业交易必须有 5 道防火墙，以确保支付数据的安全。

- **问题：**我们当前的软件只能提供 4 道防火墙。
- **解决方案：**我们必须制订软件升级计划并且提交领导层审批。

原本的谈话内容要比该 GPS 概述法冗长很多，充斥着与问题相关的流程、服务和数据库等方面的专业术语和详细介绍。IT 负责人在各种细节中无从辨别出关键信息或决定下一步行动，于是不得不自行对所有的信息进行归纳总结，再向技术人员阐述自己的理解以便加以确认。IT 负责人在两个人交谈近 20 分钟后才搞清楚真正的问题是什么。

相比之下，简洁版本清楚地表述了关键信息，这适用于同任何岗位人员的交流。谈话对象能清楚了解发生了什么情况，下一步应该怎么做。该版本没有生涩的技术术语，倾听方无须技术知识也能懂得问题是什么或者解决问题的方法是什么。这就是优质的 GPS 概述法应该有的样子。

在构思 GPS 概述法时，我们必须避免使用深奥的技术语言，这样才能让大家都听懂。要听懂 GPS 概述法不需要成为所谈论主题的专家。

你或许对系统防火墙一无所知，也完全不懂货运公司的内部工作流程，但我相信你看得懂上文两个案例中讨论的问题。你不用了解相关流程、系统或公司的详细情况也能懂得案例中的情况。

下一次，当我们在工作中向他人解释某个问题时，请想想这两个案例。对方对流程、系统或细节的了解可能不如你，但那并不意味着我们必须提供所有的详细信息以便让对方理解我们所传递的内容。GPS 概述法强调从目标、问题和解决方案这三个方面对主题进行总结，以便让谈话对象更好地理解我们希望传递的信息。

高质量沟通小练习

你在工作中马上要就什么事情与他人进行沟通？最好是某个复杂或颇具难度的话题，而且该话题对谈话对象来说是全新的。请针对该话题写下目标、问题和解决方案。

你能清楚地表述自己想要实现的目标吗？对问题的阐述是否把重点放在了阻碍你实现该目标的障碍上？解决方案的阐述是否清晰明了，谈话对象可以准确理解你希望他接下来怎么做吗？

现在，请将 GPS 概述法用文字记录下来，以便于在谈话中加以使用。但愿你会发现，这个简单的方法能让谈话的开场白变得简短明确。

如果你在练习中遇到了难题，请不要担心。有多种原因会导致对复杂主题的概述具有相当难度，其中包括问题的可变因素太多、问题存在多种从属关系、问题涉及多个层次、问题会影响到其他项目，又或者该问题与其他问题相互关联等。GPS 概述法适用于以上各种情况。下面我将帮助大家认清种种原因，并提供克服这些障碍的方法。

如果你仍然觉得工作中的问题太过复杂，难以用短短三句话加以概括，那么请继续阅读本书。我将介绍一些复杂的案例，其中包括如何确保人们能安全地进入太空。相比而言，再没有任何问题能比安全升空更为复杂、更具风险了！

阻碍目标的问题

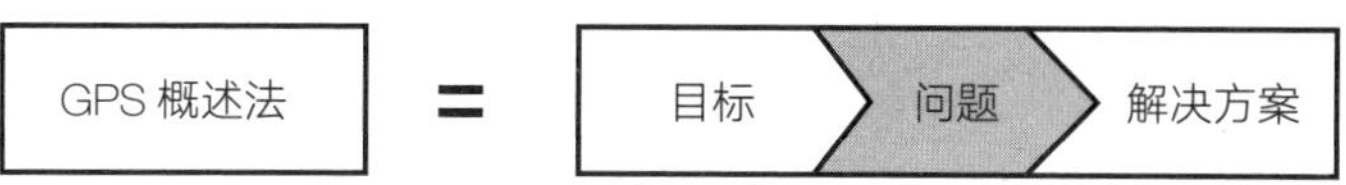

读到这里，你或许会想："我要谈的主题太过复杂，不可能只用 1 分钟就概括得了。"我能理解大家的想法，过去我也曾有过类似的想法，但看到 GPS 概述法被用于一些相当复杂的主题后，我改变了看法。

桑托什和道格是美国国家航空航天局（以下简称 NASA）的两位工程师，他们的办公地点位于弗吉尼亚州。两个人在野外烧烤时讨论起挚爱的议题，即国际空间站需要更多资金投入。在美国将其目光重新放到月球上后，国际空间站曾经是 NASA 预算中相当重要的一部分。两个人都坚持认为 NASA 应该继续保持该资金投入水平。

桑托什和道格深入讨论了约半个小时。这时，医疗卫生公司高管、本地足球运动联盟的队友尼克加入了谈话。尼克并没有意识到自己接下来会陷入什么样的场景，他只是随口问了一句："为什么成本那么高？"

于是两位工程师开始详尽地介绍国际空间站的复杂性、太阳辐射和深空辐射，以及让国际空间站保持在正确高度和运载人员与供给往返所需的燃料等。他们还解释了运转轨道上的碎片可能带来的危险。尼克对这些内容似乎并不在意。这天天气很好，他手里还端着一杯饮料，谈话主题也真的蛮有趣。有另外几个人也信步走过来，站在一旁听。两位工程师滔滔不绝地用 20 分钟介绍了国际空间站带来的科学创新。

最后，在两人即将结束此番介绍时，桑托什对尼克说："所以你明白了吧，成本非常高昂，政府应该继续提供资金。"

"你们肯定对这个主题相当了解，"尼克笑着说，"只是我没能完全跟上你们的话。你们说了那么多，我理解是我们在太空修建了一个科学实验室，它能帮我们了解很多重要的东西。问题在于前往太空并非易事，而且人们在那里将面临种种生命威胁。所以，我们需要投入大量的资金来维持该太空实验室并保证实验室内科学家的生命安全。"

桑托什和道格死死地盯着尼克，身边的其他人则纷纷表示尼克的话听起来更容易理解。

“实际的复杂程度要远远超过你所说的，”桑托什说，“不过也对，你的总结很到位。”

除了在新闻中和电视上看到过国际空间站之外，尼克对国际空间站一无所知。他不是工程师，也从未参与过任何太空项目，完全不了解近地轨道上的生活有多么复杂。但他可以吸收两位资深工程师介绍的大量技术信息，并用短短 30 秒的时间进行总结，这让其他非专业人士也能听得懂。

你注意到了吗？尼克的总结采用了 GPS 概述法。请再仔细看看，你能从中找到 GPS 概述法的三个部分吗？

- **目标：**在太空建立一个实验室，帮助人类了解众多重要的事物。
- **问题：**前往太空并非易事，而且人们在那里将面临种种生命威胁。
- **解决方案：**投入大量的资金来确保实验室内科学家的生命安全。

由此可见，就算是最复杂的主题，我们也可以快速且清楚地进行总结。

有些人可能会提出，尼克的总结太过简化。如果听众是一屋子从事国际空间站相关工作的 NASA 工程师，这段总结听起来可能会过于简单。但参与野外烧烤的人并非技术人员，他们对这个主题了解甚少。谈话的目标是解释为什么空间站的维护成本会非常高昂，尼克的总结显然完美地实现了目标。如果桑托什和道格在谈话一开始先进行这种概述，听众在谈话中可能就会提出自己的疑问，以了解空间站的贡献或面临的危险，而不是一直在那里听说教。这让每名听众在一开始就能抓住谈话重点，而不用听那 20 分钟的长篇大论。

所有主题都可以被总结

任何与工作相关的主题都可以通过 GPS 概述法来总结，不受主题复杂程度的影响。

研讨会的参与者常常会说："我的主题太过复杂，不可能只用 60 秒来进行概述。"这种想法可以理解，当我们的大部分工作都相当复杂时尤为如此。我们工作的复杂程度可能不及在太空中维持宜居生活那么深奥，但考虑到各行各业存在的众多细微差别，其复杂程度依然不低。

在上文中，我们可以看出多数工作场景可以被定义为问题，也能通过 GPS 概述法清楚地解释。在野外烧烤时关于国际空间站的谈话也显示，最复杂的情况都可以通过 GPS 概述法进行总结。尽管如此，我们还是常常听到大家在描述一些工作中的问题时放弃了清晰的概述，转而选择详细且烦琐的描绘。这是为什么？

以下为导致工作中出现过于复杂描述的部分常见原因：

- **原因 1**：我们认为谈话对象同我们想法一样。
- **原因 2**：我们认为谈话对象需要了解所有细节，这样才能真正明白问题所在。
- **原因 3**：我们把重点放在了可变因素和从属关系上，而非问题本身。
- **原因 4**：我们一次总结了多个问题。

原因 1：我们认为谈话对象同我们想法一样。

在对事物进行总结时，我们会希望或想要对方按照一定的方式去理解这些事情，也会自然而然地朝着那个方向去总结。在国际空间站的案例中，两位工程师向大家解释了为什么需要政府投入资金。他们的言语就像是在说服和自己一样的人，即那些拥有同等知识和经验的人。可事实上，听众是一群对太空技术一无所知的人，而且他们只是想从概念层面上了解国际空间站高昂维护费用产生的原因。他们并不想去了解其中的细节，更不需要去深入了解整个概念。

在进行工作沟通时，大家应该认真想想自己的沟通对象是谁。若要懂得你的意图并知道自己应该怎么做的话，他们真正需要了解的是什么？在开场白中，我们应该将有助于了解所述观点的信息和数据尽可能控制到最少。信息量越大，谈话对象就越难弄懂我们的想法和目的。谈话应该用最简单的信息来加以解释。若必要，我们总可以在后面再补充更多细节。

原因 2：我们认为谈话对象需要了解所有细节，这样才能真正明白问题所在。

如果我们遇到难题，希望对方能给予一定建议或意见，通常我们会想当然地认为对方需要了解方方面面的情况，否则就无法给予我们帮助。

这有一部分是我们自己的原因。我们会下意识或刻意地想："如果他们不了解全部情况，又怎么能给出合适的建议呢？"我们也可能想要证明自己已经在努力寻找解决问题的方法。

但对方必须了解全部信息后才能提供帮助的情况其实很少见。我们在工作中进行沟通的大部分目的是解决具体的问题，而只要提供足量的信息就能实现这点。

如果我们利用本书前文所介绍的技巧来设计自己的沟通框架，就能清楚地表明自己的意图（如请对方采取行动、提出意见、审查批准等）。此后，只要在 GPS 概述法中提供适当的细节，就足以帮助你表明自己的意图：

- 如果你需要对方定夺，那么应该将概述的重点放在要做的决定上，而非需要决策的原因。
- 如果你希望对方就如何解决问题提出建议，则应该将概述的重点放在需要解决的问题上，而非问题产生的原因。

要清楚明了地阐述信息，我们最好能做到言简意赅。

原因 3：我们把重点放在了可变因素和从属关系上，而非问题本身。

我们在工作中要解决的问题大都比较复杂。如果问题都很简单，我们也就无须这么卖力工作了。

多数问题涉及多个可变因素，就连相对简单的问题也是如此。这些问题的影响范围通常超出你当前想要讨论的情况，同时它们也会受到其他情况的影响。例如，IT 系统就是相互关联的，某个项目成本的超支可能会影响到其他项目，多方面因素导致的项目延误可能会带来更大的问题……这种情况数不胜数。

不要把问题本身和其根源混为一谈。

在对问题进行概述时，我们很容易先介绍导致问题变得复杂的各种因素，而不是着重介绍有待解决的问题本身。这些复杂因素的存在并非问题本身。

如果导致问题产生的因素不可知，或者那些因素在不断发生变化，那么这本身就是一个问题。在这种情况下，概述中对问题的定义应该是不断变化的各种因素，而解决方案应该专注于如何解决这个问题。此时无须对各因素进行详细的介绍。概述之后，我们可以继续对各因素的细节进行介绍，解释这些因素会如何影响到我们的目标，但概述中无须任何细节。“概述”这个字眼本身就意味着我们只需对目标、问题和解决方案进行总结。

对从属关系的处理方式也一样。从属关系并非有待解决的问题本身，如果从属关系正在影响你的工作，那么你的目标就是解决该问题，而非切断这些从属关系。例如，假设某项目出现延误，而你的工作必须等该项目完成后才能开始，那么当前的问题就是该项目的延迟交付，而非两者之间的关联。你的概述就应该将重点放在如何解决延误上。

只要能清楚地定义目标和阻碍目标实现的具体问题，我们就能清晰明了的概述。

原因 4：我们一次总结了多个问题。

在第 1 章中我们曾经提到，在沟通中涉及多个主题时会有一些麻烦。当我们想在一个概述中对多件事进行总结时，同样的麻烦也会出现。多个问题通常意味着需要多个解决方案。

复杂的目标通常由多个部分组成，因此可能会有多个问题共存。在这种情况下，我们通常会在开场白的概述中列举出所有的问题。遗憾的是这种做法有可能导致上文列举的种种麻烦，谈话对象也会因此更加难以跟上谈话中各主题的切换。

问题只能一个一个解决，讨论解决方法的谈话也只能一次针对一个问题。但这并不意味着针对每个问题都要举行一次单独的会议，或多次找同一个人谈话。如果我们可以针对每个问题按照一定的顺序有条不紊地进行探讨，就可以在一次谈话中覆盖多个问题。在进行多主题谈话时，确保谈话内容清晰明了的关键在于设计合理的沟通框架，以及在一开始就运用GPS概述法。每个问题都必须有其对应的GPS概述法，这样我们才能确保谈话的成效，并达成自己的沟通意图。

我们应该在一开始就根据第 1 章中的方法对整个沟通框架进行设计，接着每切换一个主题时，再针对新主题提供对应的沟通框架和 GPS 概述法。我们可以先进行针对第一个主题的谈话，但愿大家能将重点放在解决方案和沟通意图的实现上；此后，我们可以继续开始第二个主题的探讨，也就是先针对该主题摆出其对应的沟通框架和 GPS 概述法。这样，不管是你本人还是谈话对象都会明白，大家要开始新主题的讨论了，会有新的意图和解决方案。

如何对涉及多个问题的复杂谈话进行设计？

例外情况

有种虽然存在多个问题，但并不需要设计多个沟通框架的情况。如果多个问题是由同一个原因导致的，那么这个原因就成为有待解决的唯一问题，我们将采用 GPS 概述法针对其根源进行概述。以下举例来说明。

- **目标：**及时进行产品升级。
- **问题：**我们将会错过系统的上线日期，因为我们遇到多个问题，这些问题相互关联，时间线又各有不同。
- **解决方案：**我必须抽时间与你的团队探讨该问题，并制订应对的计划。

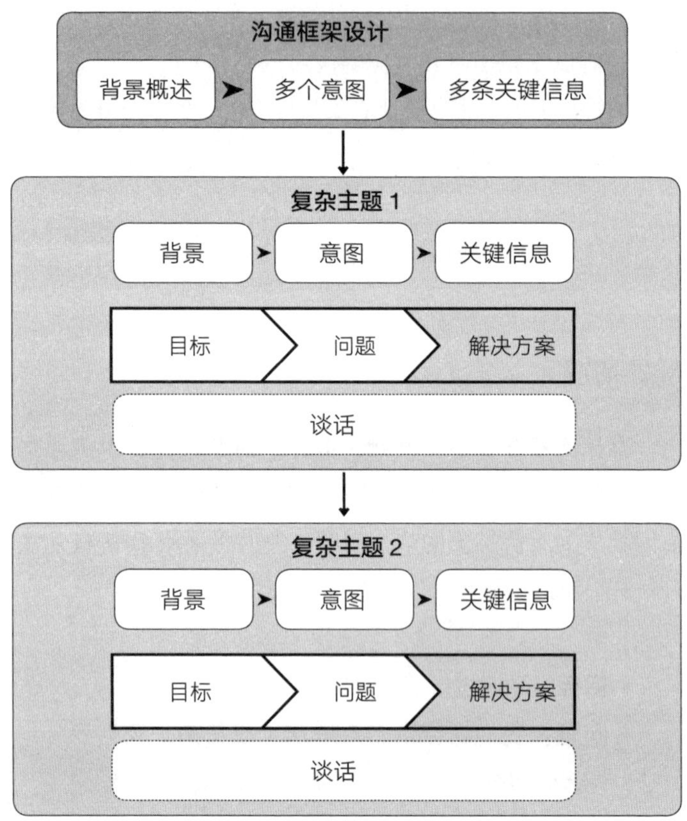
沟通框架设计
背景概述
多个意图
多条关键信息
复杂主题 1
背景
意图
关键信息
目标
问题
解决方案
谈话
复杂主题 2
背景
意图
关键信息
目标
问题
解决方案
谈话

这个案例中包括了 GPS 概述法的所有要素，其中没有提到任何具体问题的细节，但谈话对象通过该概述能了解到目前发生了什么情况、问题是什么，以及下一步要怎么解决。

如果一点儿细节不说会让你感觉很不舒服，那么可以在 GPS 概述法的问题部分举一些具体的案例，以便为谈话对象提供更多细节。不过请注意细节不要过多，否则概述将会变得过于臃肿，你会在还没说完概述的时候就开始探讨细节。让我再次借用上文中的案例加以说明，但这次我在问题部分增加了部分细节：

- **目标：**及时进行产品升级。
- **问题：**我们将会错过系统的上线日期，因为我们遇到多个问题，这些问题相互关联，时间线又各有不同，比如交付延误、生产积压，还有测试延误等。
- **解决方案：**我必须抽时间与你的团队探讨该问题，并制订应对的计划。

在同领导进行沟通时，针对主题进行概述的能力相当重要。领导会希望下属先对情况进行最精简的概述，然后再进入细节。如果你想成为领导，或者你常常要向领导汇报，显然你就必须拥有总结和概述的能力。

导致我们觉得自己无法对主题进行概述的原因多种多样，但从本章的案例可以看出，借助 GPS 概述法后，我们可以针对任何主题进行快速且明了的总结和概述。关键在于先找到我们想要探讨的那个问题，然后再对其进行概述。如果我们想要探讨多个问题，就必须进行多次概述，以确保谈话对象不会将其混淆。

高质量沟通小练习

还记得在之前的练习中，我们曾经针对多主题邮件或谈话进行过沟通框架设计吗？让我们回过头再看看这个练习。你应该早已针对该谈话设计了高质量的沟通框架，下一步就是使用 GPS 概述法对每个主题进行概述。请记录下每个主题的概述内容，这个过程能帮助你弄清楚自己希望通过谈话实现什么目标。你也可以随身携带这些笔记，以便在谈话真正开始时参考，这将有助于确保谈话不偏离主题。

解决方案应该具有前瞻性

GPS 概述法的第三个部分就是解决方案。解决方案能够让对方知晓我们的期待。就算我们已经明确阐述了目标和问题，也还是需要对解决方案进行明了的介绍，否则对方就会想："所以要怎么办呢？"

通过开场白的沟通框架，谈话对象早已了解到我们传递这些信息的意图（如做出定夺、提供建议或意见等）。接下来我们可以通过 GPS 概述法中的解决方案明确表明期待，以及对方要怎么参与进来。

为什么这点如此重要呢？因为解决方案可以引导谈话对象往前看，并专注于问题的解决方法和行动，这能使双方免于深陷在对问题本身的讨论上。

纠结过去不能解决问题

人们在解释情况时一般会按照时间顺序来，大家应该都经历过，先发生的事情先说。在本书介绍的案例中，人们也都采用了这种方式。如果按这种方式来进行沟通，不仅耗时较长，而且会让谈话对象不得不去关注那些一步步导致问题出现的过往事件。这样，谈话对象原本可以用于解决问题的才华和能力就会被用来思考哪些情况本可以避免。如果要总结经验和改进流程，这种做法无可厚非，但若将其用于解决问题就相当糟糕了。

在为了解决问题而进行沟通谈话时，我们几乎不会愿意花所有时间讨论本可以怎样避免问题的产生。我们不想纠结于过去的事情，而是希望对方能着眼于未来。我们希望对方能把重点放在下一步，放在能帮助我们解决问题、向目标迈进的行动上。

概述应以解决方案结尾，这样在沟通的第 1 分钟之后，大家就能专注于问题的解决方法，而非深陷于对过往的回顾之中。

积极地放眼未来

当沟通的目的是为了避免将来重蹈覆辙时，关注问题的根源才是积极的。如果谈话是为了其他的目的，那么回顾问题发生的历史只会让大家一再回想起那些导致问题发生的事情和错误，而这通常只会给人带来糟糕的感受。

我们的确应该总结经验教训，抓住机会纠正流程中出现的问题，我也笃信持续改进的重要性，但多数工作沟通的目标是快速采取行动以解决问题。GPS 概述法正是实现该目标的法宝。

如果我们能利用 GPS 概述法，在谈话一开始就提供明了的概述，双方就更有可能重点关注解决方案，令谈话取得积极的成果。

GPS 概述法不是要掩饰问题，而是要在概述的最后提出解决方案，将谈话重点转到解决问题的行动上。如果我们已经采取行动去解决问题，那么关于解决方案的阐述就是在告知对方好消息，谈话的氛围就是积极的，而非纠结于过去的问题。

请大家设想一下，在进行最新情况汇报时，这种沟通方式难道不能提升大家的兴趣和士气吗？

案例：一家工厂因事故导致停产一天，工段长正在向厂长汇报该情况。

> “我们即将完成 BAC-15 的生产时卷板机卡住了。我们不得不将生产线停下来查找问题。此前为了安装新机器，工厂曾移动过进料线，后来没有完全复原就继续投入生产了。团队将卷板机对齐了地面上原来的标志，但进料线没有根据新机器的设计加以更新。在发现问题后，我们重喷了所有的地面标志，但这项工作无法快速完成。安全手册也已经过时，必须进行修订。不管怎样，我们已经完成所有这些工作，生产已经恢复。”

工段长试图简要地讲述整件事情。他在汇报中讲述了大量的细节，不过并没有偏题，最终也告知了厂长生产恢复的好消息。尽管如此，他在介绍解决方案时对团队的错误和问题进行的详细说明，让整段话听起来很消极。厂长的注意力会因此被集中在过去的错误上，从而忽视了现在的状况。

而且此番叙述会让人觉得问题好像仍然存在，因为工段长并没有清楚表明大家已经找到解决方案并加以实施。

如果我们使用 GPS 概述法改写这段叙述，就能取得更加积极的效果。

> "我们即将完成 BAC-15 的生产时卷板机卡住了。我们发现了原因并在 24 小时内解决了问题，工厂恢复了生产。团队已经调整了生产布局，并正在更新安全手册，以确保该问题不会再次出现。"

在这两个版本的汇报中，目标和问题都是一样的。但第二个版本中的解决方案部分介绍的是早已完成的工作；第一个版本中也介绍了解决方案，可是工段长列举的大量问题和产生的原因把好消息给掩盖掉了。在第二个版本中，解决方案的阐述显得更具前瞻性：已经采取步骤解决问题，工厂已经恢复生产，问题应该不会再次发生。

第二个版本并没有对问题加以掩饰，但描述的重点是团队为解决问题所采取的行动，而且整个汇报着重于讲述积极的一面。

如果你需要汇报最新情况，尤其是关于某个待解决问题的最新情况，请一定重点介绍为解决问题已经采取了哪些举措。如果你还没有采取任何行动，则可以简要总结自己即将采取哪些举措来解决问题。又或者你并不清楚要采取哪些举措，那么谈话的意图就会变成请对方就解决方案提出建议。在这种情况下，对解决方案的阐述同样可以非常简单："是否可以请您协助我解决该问题？"

以积极乐观的方式来阐述解决方案，双方的谈话也会因此变得积极乐观，因为这会让大家都着眼于未来，而不是气氛紧张地纠结于问题产生的历史。

让我们再来看看前面章节中的其他例子。想想看，我们要如何运用带有解决方案的 GPS 概述法收尾，以便让谈话更具前瞻性，并把重点放在行动和下一步工作上呢？

案例 1：客服中心工作人员萨姆希望给丢失了货物的客户退款：

- **背景：**我刚刚同戴维森集团通话。
- **意图：**想请您帮忙解决一个问题。

- **关键信息：**他们没有收到上一批货，希望公司能退款。
- **目标：**戴维森集团上个月预付了一大批货的运费，但没有收到货。我们必须解决这个问题。
- **问题：**我没找到这批货，而退款金额也超出了我的权限。
- **解决方案：**您是否能授权给客户退款，并帮我寻找那批丢失的货物？

这个案例中的概述以明确请求对方采取行动（“您是否能授权给客户退款……”）作为结尾，同时也请求对方帮忙寻找失踪的货物。这时，经理很可能会直接授权给客户退款。如果是这样，谈话不用 1 分钟就可以结束。萨姆也可以节约近 10 分钟的时间，而用不着再详细介绍该问题的来龙去脉。

经理也可能会重点关注如何找到失踪货物。在这种情况下，萨姆将有机会就自己此前采取了哪些寻找货物的举措回答经理的问题。我们不是总能回避过去的问题，但借助沟通框架和 GPS 概述法，我们可以提高快速解决问题的效率，并避免重蹈覆辙。

不管经理如何选择，谈话都将专注于接下来的工作上。

案例 2：谈话的最终解决方案是 IT 系统必须进行升级：

- **背景：**我认真了解了新的信息安全政策。
- **意图：**我们必须有所行动。
- **关键信息：**我们的防火墙不再符合要求。
- **目标：**新行业规范要求所有商业交易必须有 5 道防火墙，以确保支付数据的安全。
- **问题：**我们当前的软件只能提供 4 道防火墙。
- **解决方案：**我们必须制订软件升级计划并提交领导层审批。

在这个案例中，说话者并未针对所讨论问题提出解决方案，而是最终描述了解决问题需要采取的步骤。接下来的谈话重点可能就会是确认由谁来制订软件升级计划、如何制订计划，以及何时完成。具体细节将根据谈话发生的时间和地点而有所不同，但关键是在谈话进行仅 1 分钟后，谈话内容便着眼于未来，参与双方也能够开始起草计划。

在这两个案例中，谈话对象都清楚了解到自己接下来应该怎么做，他们不会提出“为什么要和我说这件事情”或

“你告诉我这件事是希望我怎么做”这种疑问。GPS 概述法中的解决方案部分清楚阐明了接下来应该怎么办。如果我们能在谈话的开场白中采用这种方式，谈话对象就能做好参与下一阶段工作的准备。

现在，你已经懂得如何运用 GPS 概述法，也看了一些案例，是时候学以致用了。毕竟提高技巧的最佳方法就是勤加练习。最终，GPS 概述法将变成你的第二本能。

高质量沟通小练习

你接下来需要同谁就工作进行沟通？请使用 GPS 概述法对要传递的信息进行概述。

首先请列举出沟通框架的背景、意图和关键信息。接下来，请运用 GPS 概述法进行概述。

你可以利用第 1 章练习中所记录的那些笔记。

沟通框架：

- 背景：
- 意图：
- 关键信息：

GPS 概述法：

- 目标：
- 问题：
- 解决方案：

如果觉得这个练习有难度，请复习前文，分析自己遇到的是否是下列常见问题之一：

- 你是否只有一个目标，且该目标非常明确？
- 你的 GPS 概述法里是否包括了两个或多个问题？
- 你是否把重点放在了各种可变因素和从属关系上，却忽视了自己真正需要解决的问题？
- 你是否想把自己掌握的所有信息都告诉谈话对象，以便于他们了解问题所在？
- 你的解决方案是否具备可操作性和前瞻性？

准备了概述却记不住怎么办

沟通框架和 GPS 概述法这两大方法的基本特点是简单易用、清晰好记。然而在学习新技巧或应用新方法时，有时候我们却难以记住所有内容。如果你在为对话准备 GPS 概述法时难以确保自己能记住所有内容，解决方法很简单：将它写下来，然后随身携带。

不要担心谈话时照着笔记念会给人留下不好的印象，请想想以下几点：

- 谈话对象更关心你所传递信息的内容，而并非传递的方式。内容远比传递方式重要。
- 多数国家元首、领导人、政治家、新闻记者和首席执行官在发表演说时都会拿着演讲稿或手卡。如果信息内容的正确与否不重要，那么提词器就完全没有存在的必要了。

不要害怕将想法写在纸上，你的谈话对象会更愿意接收到简洁明了的信息。久而久之，你会越来越习惯于运用沟通框架和 GPS 概述法来思考和准备自己想要传递的信息。

总有一天，你会不再需要将它们写下来，其实就算这一天一直没有到来，你也不用担心。我在谈话前依然会准备笔记，因为就算只是准备 1 分钟，也会让我更加自信，而且可以确保谈话对象从一开始就能接收到最简洁明了的信息。

现在，我们已经知道了如何进行高质量的概述，下一步就是要确保谈话对象做好倾听的准备。在下一章中，我们将介绍可以快速了解谈话对象是否有能力和时间参与对话的方法，这将帮助我们成为优秀的沟通者，并确保谈话双方从沟通中获得最大收益。

本章小结

知道应该简明扼要和知道如何做到简明扼要是两回事，而 GPS 概述法就是能将这两者连接在一起的桥梁。

你可以通过 GPS 概述法为各种工作谈话准备概述，以避免过快地搬出所有具体细节、时不时偏题，或是因纠结于过去而忽视解决方案等最为常见的沟通问题。

GPS 概述法能帮助你：

- 以几句易于理解的话传递任何信息。
- 按照逻辑顺序引导谈话对象领会信息中的关键点。
- 以积极的、具有前瞻性和可操作性的解决方案作为结尾。

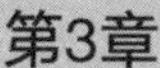

第3章

第1分钟必须问到的两个问题

确保对方做好了接收信息的准备

THE FIRST MINUTE

谈话至少要两个人才能进行，分别是说话者和倾听者。就算我们已经为自己的主题准备了精彩的 1 分钟开场白，又如何知道对方是否已准备好倾听我们的信息了呢？或许我们迫切想要开始讨论自己的主题，但对方现在是否有时间听我们说话呢？

要知道这两个问题的答案，最简单的方式就是直截了当地问对方，而且应该在谈话的第 1 分钟内就问。

在沟通的第 1 分钟内，我们可以采取两个步骤来确保自己可以进行谈话：

- 第一步：时间确认——这一步是让谈话对象知晓我们需要多少时间。
- 第二步：谈话继续与否确认——这一步是弄清楚谈话对象现在是否可以进行谈话。

这两步分别在沟通框架与概述之前和之后进行。没有这两步，我们可能就会破坏自己在谈话对象心目中的印象；有了这两步，我们就能确保第 1 分钟的开场白顺利进行。

请问现在是否有空

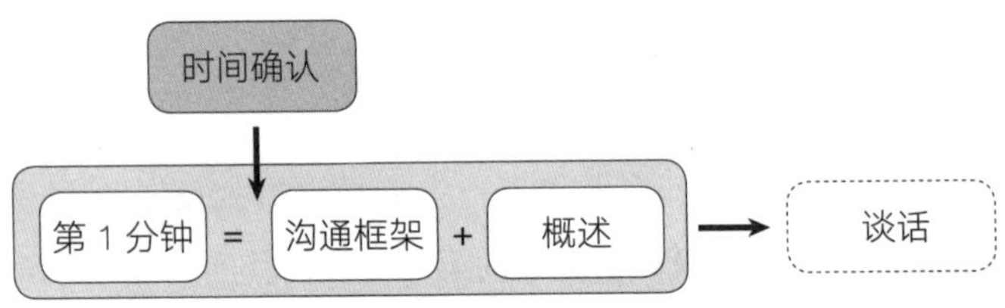

我们在开始任何谈话前都必须让对方了解谈话可能需要多长时间，这是非常重要的一步。

若是临时性的谈话，最常见的问法就是“请问您现在有 1 分钟时间吗”或是“可以耽误您一会儿吗”。

人们在工作中通常谦逊有礼，在被问到是否有 1 分钟时间时一般都会做肯定回答。我们在接收信息时通常会从字面意思加以理解，他人说耽误 1 分钟时间，我们就真的认为只需要 1 分钟。

但从本书中的案例可以看出，人们极少能在 1 分钟内说出重点，更不用说在 1 分钟内结束谈话了。在谈话中，人们往往要花更长的时间才能谈到重点，而且只要得到了他人的关注，通常就会投入地讲述自己的主题，忘记了时间。除非我们自己因个人原因不得不快速结束谈话，否则“耽误您 1 分钟”的谈话一般会一直延续，直到我们实现谈话的意图。如果算上对方做出反应和结束谈话所需的时间，这“1 分钟”很快就会变成 5 分钟或 10 分钟。

当谈话超出所要求的时间时，对方就处于一个非常尴尬的状态，他们只能打断说话者，或者选择继续听下去，任由所花时间远远超出自己的预期。花更多时间继续听下去通常会有一定的问题，比如导致自己无法按时参加另一场会议，或者是休息时间因此缩短。

时间确认的两个步骤

如果我们真的可以在 1 分钟的时间内阐述完自己的主题并回答对方的提问，那么“请问您现在有 1 分钟时间吗”这句话就没有任何问题。但在更多的情况下，我们需要至少 1 分钟的时间来阐述自己的主题，对方接收信息后做出反应也需要时间。因此我们可以采用两步法来避免只要求对方给自己 1 分钟时间。这个方法可以给大家带来更好的沟通体验。

第一步：按照自己真正需要的时间提出请求。

不要问对方是否有 1 分钟时间。我们应该先想想谈话可能需要多长时间，然后请对方给自己这些时间或更多一点的时间。当你清楚自己需要 5 分钟或 10 分钟才能完成谈话时，不要仅仅只是要求 1 分钟的时间。

实现清晰沟通的一个方面就是要正确管理谈话对象的期望值。不要请求比实际需要少的时间，这样只会给自己设置一个无法达到的时限，破坏自身良好沟通者和高效员工的声誉。如果我们无法达到自己设置的时限，他人可能就会质疑我们按期完成其他工作的能力。至少，你可能会触怒谈话对象，因为他们真的只能抽出 1 分钟的时间。

第二步：说话开门见山。

在告知对方我们需要 5 分钟、10 分钟或更长的时间后，如果对方同意了我们的请求，请不要浪费自己争取来的时间。我们应该使用沟通框架和概述的方法，在 1 分钟以内清楚阐述信息，然后留更多的时间用于自己真正想要进行的探讨。

我们可以通过 GPS 概述法向对方简洁明了地传递信息，给谈话对象更多的时间来做出回应，以帮助自己实现沟通的意图。这也是讨论最具价值的地方。

为此我们必须在谈话前预先对主题和谈话方式进行思考，不过这不是要大家在每次谈话前先花半个小时坐下来思考。我们可以想想自己要传递什么信息，明确想通过沟通实现什么目的，然后估计一下得到答案或结果会需要多长时间。这整个思考过程所花时间不到 1 分钟。

花 1 分钟时间准备沟通绝对值得。当我们能高效且清楚地传递自身的信息时，便已节省了数倍于 1 分钟的时间。

请问现在是否方便继续

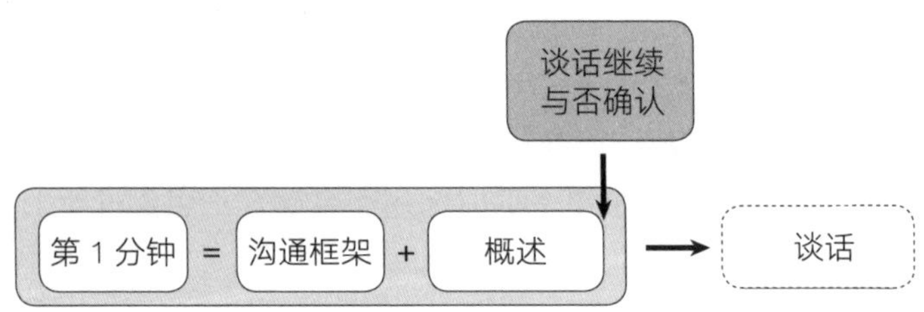

在确认时间后，我们可以向谈话对象介绍自己的沟通框架，然后进行概述，也就是告知对方我们想要进行什么样的沟通。虽然在确认时间时对方已经同意交谈，但我们也必须确认对方在了解基本情况后想要继续谈话。

如果我们是请对方协助解决问题，那么对方必须有能力和时间来解决问题。

- **能力：**拥有可以满足说话者请求的知识、权限和威信。
- **时间精力：**出手相助的时间和意愿。

能力

如果谈话对象没有能力帮助我们，我们越早发现这一点越好，不要浪费彼此的时间。花了 10 分钟时间介绍自己的问题，却只换来一句“我没有权限，你要去找纳维德”。这种做法毫无意义。我们通常都认为自己知道应该找谁谈，但千万不要想当然地认为对方一定有能力帮助我们解决问题。

时间精力

很多工作中的沟通都是计划外的产物：可能我们只是路过某人的工位顺便聊聊，或者是在办公室附近邂逅后开始交谈。除了计划好的会议之外，我们在开始谈话时不太可能知道对方是否有时间就我们的主题进行交谈，因为谈话对象当时或许要花时间处理另一件更紧迫的事情。我们在走廊碰到的同事当时可能正要去处理其他事情，比如准备去参加会议、休息，或去其他可能的地方。不要想当然地认为对方有时间，请务必和对方核实一下。这就是为什么我们要确认沟通能否继续的原因。

当我们准备和其他人交谈时，一般会认为对方也同样准备好了和我们交谈，尤其当我们因为某件事特别兴奋或觉得某件事特别紧急时。遗憾的是，我们的沟通对象可能对此并不那么感兴趣，或者是不觉得那么紧急。确认沟通能否继续就是为了确保双方同样做好了继续交谈的准备。

被困无效沟通中

我们在沟通时可能会错误地认为自己找对了人，这种情况很常见。

是否有那么几次，你在与同事进行交谈时，对方还没有完全进入主题，你就已经明白他找错人了？或许该同事错误地认为你知道答案，或许其他人弄错了，让他来找你。如果出现这种情况，这场谈话不管对你还是对请求帮助的人来说都是毫无意义的。如果对方没有明了地直入主题，情况就会变得更加糟糕。明知自己无能为力还要听对方絮絮叨叨地讲述问题的出现过程，这种情况让人尤为懊恼。

如果我们是这类谈话中的信息接收方，我们只能做出有限的几种回应：

- 我们可以打断对方，直接告知对方自己无能为力。这种方式比较冒昧，因为我们有可能会误解对方的意图，或许等到对方冗长的话语结束后其意图才会变得清晰明了。这种回应方式会让人觉得很不礼貌。
- 我们可以等对方说完后再告知自己并非回答该问题的最佳人选。这种方式要更加礼貌，但同样会浪费双方的时间，而说话方本可以花这些时间去找合适的人选帮助自己解决问题。

我们无法阻止他人以这种方式浪费自己的时间，但我们可以避免自己犯类似错误。在我们向其他人请求帮助时，请在第 1 分钟结束时再次确认谈话能否继续。

切记与对方确认谈话能否继续

他人要评估自己是否有能力和精力帮助我们，就需要对该谈话进行充分了解，懂得我们需要什么，以及问题的紧迫程度。沟通框架和 GPS 概述法可以让我们充分把握沟通的第 1 分钟，为谈话对象提供充足的信息，并帮助他们做出评估。

为谈话对象提供清晰的信息，这是一个好的开始，但还远远不够。谈话对象必须有机会选择是继续还是结束谈话，而方法非常简单，就是直接问问他们。这就是有助于谈话以最佳方式开启的“继续与否确认”。

如果没有“继续与否确认”这一步，谈话对象将不得不等待我们结束冗长的话语，或不得不打断我们，才能让我们知道他们没法继续谈话。不管哪种方式，我们都是在浪费时间，或者是找错了人，或者是对方尚未准备好继续谈话。

在为了解决问题而进行的谈话中，谈话结果无非以下几种。谈话对象将会：

- 做好准备继续谈话。
- 当时尚未做好准备继续谈话。
- 告诉我们自己并非该主题合适的谈话对象（而且可能会告诉我们应该去找谁）。

- 希望确认我们在沟通框架或 GPS 概述法中阐述的一些内容。

如果谈话对象的情况属于上文中的第二到第四种，他们会因没有困于令人费解或冗长啰唆的谈话而开心。

要确认是否能继续沟通其实很容易，那就是在概述之后借助以下几个问题进行确认：

- 请问您方便在这件事情上协助我吗？
- 请问您现在是否有时间进一步谈这个问题？
- 请问针对我刚才讲述的事情您有任何疑问吗？

以上几个问题都可以为谈话对象提供表达是否可以继续谈话的机会。

何时确认谈话能否继续

可以在沟通框架之后确认，也可以在概述结束时确认。这两种方式各有利弊。

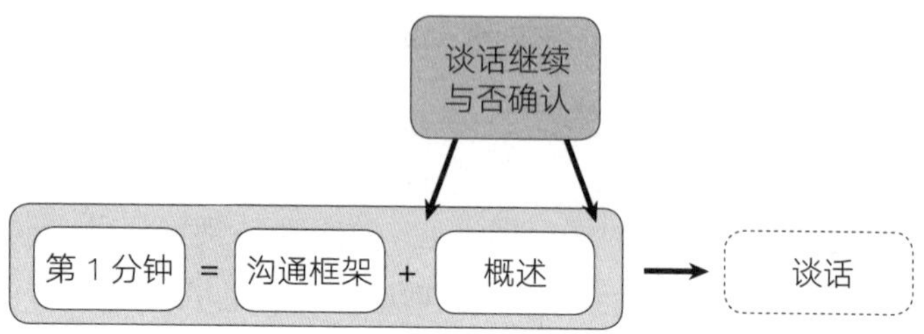

在沟通框架后确认（早于概述）：

- **优点：**如果谈话对象并非正确的人选或当下没有时间继续谈话，他们可以马上结束谈话。
- **缺点：**谈话对象只能根据有限的信息判断谈话主题的紧迫性。因为尚未了解我们的目标、问题和解决方案，他们或许无法完全理解我们的需求。

在概述后进行确认：

- **优点：**谈话对象有充足的信息来了解我们的问题和请求。
- **缺点：**在进行确认前需要花费更长的时间。尽管这 1 分钟听起来似乎很短，但如果对方正准备去开会或去洗手间，那么这 1 分钟也会显得格外漫长！

不管我们选择何时确认沟通是否应继续，这简单的一步都能给对方选择的机会，看是否优先安排同我们的沟通，并把其他需要花费时间和精力的事情暂缓。

如果我们不清楚谁是恰当的谈话对象，那该怎么办呢？

有时候，我们也不知道自己的主题或问题应该找谁去说。在这种情况下，我们要解决的第一个问题就是找到正确的谈话对象。这意味着沟通框架和 GPS 概述法都应该针对如何找到合适人选来帮助自己解决问题，而并非问题本身。听起来这两者之间只是略有差异，但影响重大。

在这种情况下，沟通框架设计的原则不变，我们仍然应该使用 GPS 概述法：

- **背景：**我无法登录销售系统。
- **意图：**请问能帮个忙吗？
- **关键信息：**请问怎样重置密码？

我们的谈话对象或许不知道答案，或许知道答案，能为我们提供所需的信息。如果他不知道答案，也许会建议我们去找另一个人，如“去找安娜吧，她精通处理该系统”，或者告诉我们到哪里找答案，如“你看过 IT 的帮助文件了吗”，又或者是提出其他种种建议。

如果我们问了第一个人但没有得到答案，那么可以使用同样的沟通框架去找下一个人。

如果一直没找到合适的人，我们或许会认为自己应该提供更多信息，告诉对方我们想做什么以及为什么这么做。这时可以设想一下，我们在向陌生人问路时是怎么做的呢？我们会滔滔不绝地讲述整个背景，还是尽可能地用最简短的话语问路？

我的选择就是话越少越好，这么做既能得到自己想要的帮助，又能节约大家的时间。

出色的沟通者都明白他人的时间有限，在传递信息时要简明扼要。在谈话的第 1 分钟内确认所需时间，并确认对方是否愿意继续谈话，这才是把握第 1 分钟的正确方式。请坚持这样做，你的同事们会欣赏和认可这种做法。

截至目前，本书讨论的内容主要针对口头沟通和谈话，对电子邮件、会议、演示和演说涉及不多。我们将在下一章探讨如何在不同情况下设计沟通框架和进行 GPS 概述法。你将了解这两种方法将会如何帮助大家在众多工作沟通中正确把握第 1 分钟，其中包括电子邮件、会议、面试、汇报，以及突然被要求介绍最新情况这种尴尬场合。

本章小结

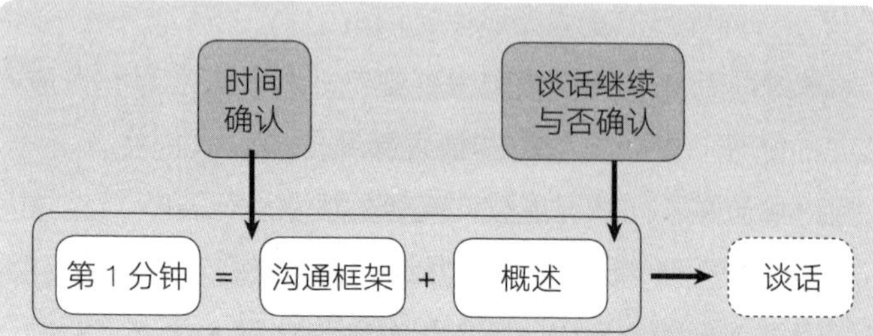

要确保谈话对象能积极地响应我们的谈话，就必须明确告知对方谈话所需时间，并确认当下是否可以继续谈话。

为了不影响他人的日常安排、破坏他人对我们的印象，请确保做到以下几点：

- 就自己真实的时间需求提出请求。
- 开门见山，采用沟通框架设计技巧和 GPS 概述法。
- 不要想当然地认为谈话对象有能力帮助我们解决问题，请向他们确认。
- 给谈话对象选择是继续还是结束谈话的机会。

第4章

沟通框架与GPS概述法，在不同场景下的运用

不论何种方式，简明扼要的原则不会改变

THE FIRST MINUTE

第 4 章　沟通框架与 GPS 概述法，在不同场景下的运用

如前文所述，本书介绍的这些技巧不仅适用丁谈话类型的沟通，还可以在电子邮件、会议邀请、向上级汇报、演示，甚至是面试等场合发挥大作用。

本章将介绍如何在以下场景中应用沟通框架和 GPS 概述法：

- 电子邮件；
- 会议邀请函和开场白；
- 汇报最新情况；
- 应对突然提问；
- 汇报工作；

- 称赞和夸奖他人；
- 项目演示；
- 即时通信应用；
- 面试。

电子邮件

Adobe 公司通过研究人们使用电子邮件的习惯发现，在与同事进行交流时，人们更倾向于选择电子邮件。39% 的被调查者主要通过电子邮件向同事提问，57% 的人主要通过电子邮件向同事汇报最新情况。

电子邮件可能已经替代交谈，成为职场中主要的沟通方式，但简明扼要的原则并没有发生改变。幸运的是，应用于谈话中的沟通框架和 GPS 概述法同样可以被用于电子邮件中。这两种方法有助于缩短电子邮件的篇幅，并极大提高信息的清晰度。

使用沟通框架和 GPS 概述法撰写电子邮件

将沟通框架和 GPS 概述法应用于电子邮件的一般格式

如下：

- 在主题栏内介绍背景；
- 在主题栏或邮件正文的第一行中介绍意图；
- 在电子邮件的第一行里说明关键信息；
- 正文中，目标、问题和解决方案这三个部分应该以项目符号列表的形式标注，或分别成段。

收件人：Diane@work.com

主题：网站最新情况——多项工作的优先级有待定夺

黛安娜：

你好！

烦请明确网站开发团队多项工作的优先顺序。

目标：产品开发团队请我们处理网站登录界面的问题。这件事非常紧急，因为顾客一直在打电话投诉他们无法登录自己的账号。

问题：我们团队人员有限，为此将不得不推迟另一项工作的交付日期。

解决方案 / 请求：麻烦告知以下工作的优先顺序，其中哪项可以推迟进行？

- 第一项：调整主页侧边栏菜单布局。
- 第二项：自动生成 PDF 功能。
- 第三项：在联系方式页面增加提问表格。

我们要在星期五前确认哪项工作可以推迟进行，在此之前您有几天的时间考虑并定夺。若有任何问题，烦请给我打电话。

谢谢！

克里斯

这封电子邮件中包括了沟通框架和 GPS 概述法的各项要素。

- **沟通框架**：主题栏说明了背景和意图，在邮件第一行再次强调了意图，也表明了关键信息。
- **GPS 概述法**：目标、问题和解决方案都采用项目符号列表以及黑体的方式加以强调。每个要素单独成段，旨在清楚区分各要素。

在撰写邮件的正文时，也可以不用项目符号列表，而是针对 GPS 概述法的每个要素用普通的语句来阐述。但使用项目符号列表外加黑体字强调目标、问题和解决方案，是确保收件人理解各要素重要性万无一失的方法。

在案例中还有一个要素。解决方案采用的是“解决方案 / 请求”的标题。之所以补充了“请求”，是为了更好地表明列表的意图。如果黛安娜仅仅是快速浏览该电子邮件，她会看到黑体字，而“请求”这个词语就会相当显眼，因为它意味着请收件人有所行动。

在做出决定前，或许黛安娜需要针对每项工作进行更深入的了解，之后双方就会通过跟进邮件或电话进行沟通。但至少当下，黛安娜能清楚知晓问题是什么、发件人想实现什么目的，以及解决问题的方案是什么。

我们应该抓住各种机会来培养与同事的关系，但大部分工作邮件都是公事公办。不同于口头的交谈，我们通常没必要通过工作邮件来寒暄或培养关系，这意味着收件人往往会更喜欢开门见山。

无须 GPS 概述法的电子邮件

每封电子邮件都应该有其沟通框架，在主题栏和第一行表明背景、意图和关键信息，但并非每封邮件都必须包括 GPS 概述法。例如，如果你只是问一句话、回复信息、参与小组邮件讨论，或者是反馈意见，通常就无须 GPS 概述法。

对于一些更为复杂的主题，在第一封邮件里应该运用 GPS 概述法以阐明主题，但在后续的相关邮件里就无须赘述。这一连串你来我往的电子邮件就犹如彼此之间的谈话，双方的你问我答可以自然展开，无须每次都采用某种正式的结构。

但这个原则也有例外。当你来我往的系列电子邮件的内容开始变得令人费解，或者又开始掺杂其他主题时，以上原则便不再适用。系列电子邮件可能轻易就突破 10 封，而且当更多人参与到讨论中，这一连串邮件的数量甚至会更大。在这种情况下，谈话很可能就会偏离原来的目标，新问题或其他问题也会冒出来。当有新人加入电子邮件的你来我往中时，这种情况就更可能出现。

这时候就有必要在中途再次进行 GPS 概述法了。如果谈话的目的不再明晰，又或者原本的目标、问题或解决方案开始变得混乱，我们就应该在下一封回复大家的邮件中增加 GPS 概述法。至少，有人会回复邮件以确认你对整体情况的理解无误（或有误），但更有可能的是，你会发现其他人会对你的概述以及再次将重点放到有待解决的问题上表示感谢。

如果大家通过电子邮件进行的讨论已经持续了较长的时间，且目的仍不明确，请尝试用以下格式回复以澄清讨论的真正目的：

各位：

我一直在跟进大家的讨论，在此想澄清我们努力的目标。我的理解若有偏差烦请指正。

- **目标：**（请在此处插入你对目标的理解）
- **问题：**（请在此处插入你对问题的理解）
- **解决方案：**（请在此处插入你对解决方案的理解）

谢谢！

如果你也是那一连串电子邮件的收件人和发件人之一，请不要对讨论内容的混乱视而不见。只需简单一步就可以让大家的谈话主题变得清晰：对主题进行总结，请大家对你的总结进行确认，然后继续讨论。

理想情况下，这一连串电子邮件就此中止，大家改用电话或面对面的交谈来继续讨论。这时，不管是会议还是电话讨论，我们都应该在一开始就进行 GPS 概述法，以确保大家对谈话主题达成共识。

转发系列电子邮件

有一种情况下，运用 GPS 概述法是个好主意，那就是在转发系列电子邮件时。

如果你将一系列电子邮件转发给某位此前未参与过讨论的人，不要让收件人从众多的信息中去挖掘重点或猜测你发送邮件的原因，也不要指望他们会从第一封电子邮件开始阅读所有来来回回的邮件。

假设有人在走廊上碰到你，把一堆文件塞到你手上说

“读一读”，然后掉头就走，在这种场合下你会开心吗？你会去认真翻读那堆文件，从中寻找对方想要传递的信息吗？我猜你会有点不悦，可能也不会去翻看那堆文件，而且你对该人的印象恐怕也会变差。

多数人都不会那样做，毕竟那种行为比较粗鲁。当你把一系列的 20 封电子邮件转发给他人，开头就说一句“仅供参考”“具体见下文”或“我认为你可能需要了解相关信息”时，其做法的实质和上段中的案例是一样的。

在转发一系列电子邮件时，应该就像开启新谈话一样对待，因为这的确是一场新的谈话。请清楚阐明背景、表明发送邮件的意图、陈述收件人需要了解的关键信息，再将所

转发邮件的信息加以概述，而不要让收件人去信息堆里翻找。如果没有概述，收件人很可能根本不会去看那一连串邮件，或者无法如你所愿抓住重点。

不管是通知、汇报，还是提出疑问，我们在转发系列电子邮件时都务必包括 GPS 概述法。

冗长的电子邮件

电子邮件必须简明扼要。尽管如此，我们仍发送或接收过好几页长的邮件。仅仅是想到要看几页长的电子邮件我就觉得头痛。我们会跳过收件箱里的这类邮件，想着有空时再看；还有些人根本不会去看好几页长的电子邮件。

阅读字数繁多且不怎么分段的文字让人头痛。面对一页密密麻麻的文字，收件人很可能会直接放弃阅读，原因在于：

- 读这封电子邮件看上去要花费很长时间；
- 没有迹象表明必须马上处理这封电子邮件；
- 邮件基本不分段；
- 邮件没有重点，不知道应该从哪里看起。

在看满满一页的纯文字时，收件人需要从头一行一行看起，在众多文字中寻找关键信息，并判断是否需要做出回应。这样做非常耗时，而且当有数百封其他邮件在等着处理时，这种文字密密麻麻的邮件将会被排在最后。

要想避免密密麻麻的文字，让内容更便于阅读，最简单的办法就是使用小标题、项目符号列表和空行。在这方面，沟通框架和 GPS 概述法可以发挥大作用，因为它们可以让你拥有小标题和项目符号列表，为收件人提供明了易读的信息。

请对比下面两封电子邮件，它们的内容完全一致，但第二封邮件以小标题强调了关键信息和 GPS 概述法的各要素。看上去第一封电子邮件篇幅要短一些，可是我们要找到其关键信息的难度却更大。

这些案例都采用的是占位符文本，以充分体现该结构的视觉效果。

电子邮件 1：内容结构杂乱。

约翰：

你好！

我想跟你反馈一个事情□□□□□□□□□□□□□□□□□□□□□。还有，□□□□□□□□□□□□□□□□□。我们明年的项目□□□□□□□□□□□□□□□□□□□□□□。此外，我觉得应该□□□□□□□□□□□□□□□□□□□。大家都很苦恼□□□□□□□□□□□□□□□□□□□□□□。那里的环境□□□□□□□□□□□□□□□□□□□□□□□。问题是□□□□□□□□□□□□□□□□□□□□□□□□。圣诞节时，□□□□□□□□□□□□□□□□。所以，我说的第一个问题是□□□□□□□□□□□□□□□□□□□□□。或许可以□□□□□□□□□□□□□□□□□□，还有疑问是□□□□□□□□□□□□□□□□□□□□□□。对于日本的项目，□□□□□□□□□□□□□□□□□□。但是，□□□□□□□□□□□□□□□□□

□□□□□□□□。今年这样也不错……

谢谢！

大卫

电子邮件 2：包括目标、问题和解决方案的系统性内容。

约翰：

你好！

关键信息：我想跟你反馈一个事情□□□□□□□□□□□□□□□□□□□□□□□□□□□。还有，□□□□□□□□□□□□□□□□□□□□□□□。

目标：我们明年的项目□□□□□□□□□□□□□□□□□□□□□□□□□□□。此外，我觉得应该□□□□□□□□□□□□□□□□□□□□□□□□□□。

问题：第一个问题：大家都很苦恼□□□□□□□□□□□□□□□□□□□□□□□□□□□□□。那里的环境□□□□□□□□□□□□□□□□□□□□□□□□□□□。

第二个问题：□□□□□□□□□□□□□□□□□□□□□□□□□□□□□。

圣诞节时，□□□□□□□□□□□□□□□□□□□。

解决方案：

- 我认为或许可以□□□□□□□□□□□□□□□□□□□。
- 还有就是□□□□□□□□□□□□□□□□□□□□□□□□。
- 对于日本的项目，□□□□□□□□□□□□□□□□□□□□。□□□□□□□□□□□□□□□□□□□□□□□□□□□。

今年这样也不错……

谢谢！

大卫

电子邮件越简短越好，但有时候我们不得不使用较多文字来清楚阐述目标、问题以及解决方案（尤其是解决方案）。如果你需要在邮件中提供大量的信息，沟通框架和 GPS 概述法的原则依然适用。

使用上文介绍的小标题和结构撰写电子邮件的大纲。如果任何一个小标题（目标、问题和解决方案）下需要以多行文字或借助项目符号进行列表阐述，请直接使用多个项目符号，其目的是以让收件人易于理解和免于误解的方式组织邮件内容。

会议邀请函和开场白

假设有同事来到你的工位，告诉你早上 10 点去第二会议室开会，说完转身就离开了，既没有告诉你会议主题是什么，也没有解释为什么你必须参会。

你会有什么感受？你会去参加那场会议吗？

这种情况不会常常发生，但每天都有成千上万的人会在工作中收到会议邀请函，其中一些邀请函或毫无内容，或信息寥寥无几。

发出会议邀请函却没有具体内容，这种行为不仅没有礼貌，而且是导致工作低效的主要原因。卢德克会议咨询公司（Ludic Meeting）的研究显示，会议毫无成效的主要原因在于会议目的不明确。该研究发现，一直以来，仅有 1/10 的人了解其所参加会议的召开目的，1/3 的人只是有时了解会议的目的，大概 1/6 的人从未或极少知道会议的目的。另一项来自贝恩公司（Bain and Co.）的研究则发现，每个工作日平均有 15% 的时间花在会议上。对中层经理人和高层来说，这个数字会增加到 35%，甚至更高。

我们每天在会议上花去大量的时间，但会议又缺少明确的目的，这就是导致会议数量庞大，而参会者却茫然不知自己为何要参会的原因。但就算如此，在多数公司内缺乏具体内容或信息量寥寥的邀请函都是相当常见的。

好消息是，虽然对会议有如此多的抱怨，但我们已经有了轻松解决部分问题的方法。只要对沟通框架稍加调整，再在每次的会议邀请函中增加 GPS 概述法，我们就能确保受邀对象清楚会议内容和受邀原因了。

明确邀请的目的

如果会议的目的不明确，受邀者在阅读邀请函时就不明白自己被邀请的原因，也不清楚是否需要提前准备会议资料。如果有其他待安排的事情正好与会议时间冲突，受邀者通常不会优先考虑参会。

会议邀请函就相当于谈话的开场白。本节一开始就列举了一个案例：你不可能直接走到同事面前告诉他在某个时间到某个地点去开会，却不说明背景或理由。既然你不会当面那样做，那么在通过电子邮件沟通时也请不要那样做。

任何受邀参会的人员都希望了解会议的目的和预期成果。会议成果可以是做出决定，使参会人员进一步了解情况、一系列创意，或者提出解决方案等。不管预期成果是什么，参会人员都应该清楚他们聚在一起投入时间后应该获得什么样的产出。

在面对面谈话时，沟通框架是非常好的开场方式。如果将关键信息替换成两项新要素，则沟通框架设计也同样适用于会议邀请函。

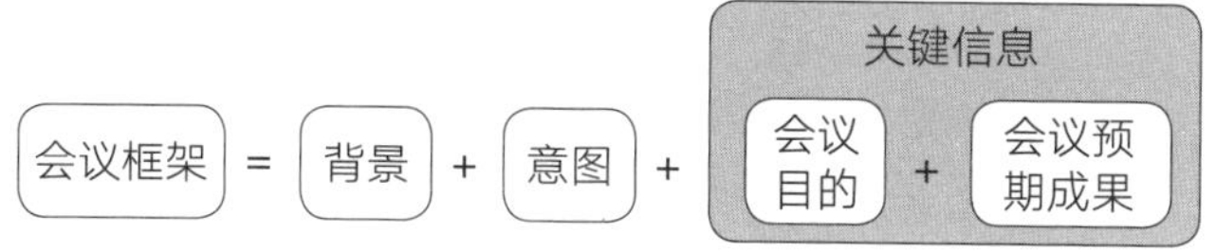

- **背景：** 在主题栏中加以介绍。
- **意图：** 在主题栏中加以介绍。
- **关键信息：** 被两个新要素替代。

- **会议目的：** 用一行文字介绍为什么要召开该会议。

- **会议预期成果：**用一行文字阐述希望通过该会议取得什么样的成果。

在阐述会议预期成果之后，我们可以通过 GPS 概述法来补充信息。会议的 GPS 概述法是会议主题简明扼要的概括，它可以帮助人们为讨论提前做准备。

案例 1：

收件人：colleagues@work.com

主题：新项目启动——需确定项目参与人员

（以下文字为会议邀请函正文。）

会议目的：启动新的软件更新项目，并确定该项目的参与人员。

会议预期成果：参加该项目的候选人名单。

补充信息：（在此处进行 GPS 概述）

案例 2：

收件人：colleagues@work.com

主题：健康安全的章程更改——我们必须应对章程的调整

（以下文字为会议邀请函正文。）

会议目的： 仔细检查健康安全章程的变化，制订部门实施计划。

会议预期成果： 为执行新健康安全章程要采取的行动清单。

关键信息 / 概述： 公司总部发来新的健康安全章程。在新章程生效前，我们有一个月的准备时间。章程内容变动不大，但我们必须确保做好准备。

补充信息：（在此处可进行 GPS 概述，也可不进行）

案例 2 的发件人除了介绍会议目的和会议预期成果之外，还给出 GPS 概述。受邀者由此可以掌握部分背景信息，更好地了解情况。采用 GPS 概述法后就不需要再补充信息，这种做法也没有问题。也就是说，如果关键信息里的内容已能确保受邀者清楚了解会议的相关情况，我们也可以选择不再进行完整的 GPS 概述。

所有这些案例显示，我们不需要太费工夫就可以为受邀者提供充足的信息，让他们清楚受邀参会的原因。只要两三个要点，你就可以提供高质量的情况介绍，明确会议的目的，并确保受邀者知道他们受邀的原因。

在使用上述结构时，请保留邀请函中的黑体字。这些黑体字可以引导读者阅读邀请函，并更好地理解邀请函的内容。

关于确认时间和谈话能否继续

在电子版本的会议邀请函中，我们无须确认谈话所需时间和谈话能否继续。

在面对面的交谈中，我们必须确认谈话所需时间，以便于对方决定是否要推迟谈话。但在会议邀请中，这个步骤可以省略，因为收件人可以在自己方便的时候阅读邀请函，若必要也可再次阅读。

我们也无须确认沟通能否继续，因为受邀者的反应已经足以给出答案：受邀者可以选择接受或拒绝邀请，也可以犹豫不决，在必要时他们还可以提出疑问。

关于会议议程

一般而言，所有会议都必须有一个议程。如果会议目的是为了解决某个具体的问题，则介绍了该目的和会议预期成果的邀请函就可以被视为会议议程。如果再附加一份正式的议程就会显得画蛇添足，这将导致会议组织者工作量增加、受邀者再看一份重复的文件。

如果会议涉及多个主题，通过会议议程来列举所有主题就是非常必要的。如果各主题有不同的发言人，议程可以帮助大家了解主题探讨的顺序。但就算有议程，沟通框架设计的原则依然不变。即便探讨的多个主题之间存在差异，会议也应该有一个共同的主旨。我们应该根据会议的共同主旨来设计邀请函的沟通框架。若有必要，议程上的每个主题都可以有单独的沟通框架和 GPS 概述法，具体方式可参考多主题谈话的框架设计。

在会议中，我们在介绍议程上的每个项目时都应该像开启新谈话一样，遵循沟通框架和 GPS 概述法的所有原则和技巧。

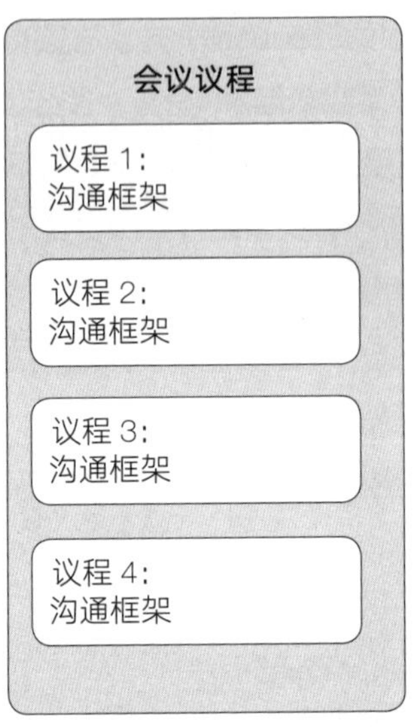

提高会议效率的开场白

会议的开场白质量高，会议效率就会高。如果能在邀请函中明确阐述会议目的、预期成果和完成概述，那么你在会议第 1 分钟的开场白就有了现成可用的内容。

我建议使用沟通框架和 GPS 概述法来起草会议邀请函，此后再用同样的内容来进行会议开场。尽管这些信息已经出现在邀请函中，但仍有多种理由促使我们在会议开场白中再次对其加以强调：

- 并非所有人都会认真阅读会议邀请函。不要认为所有与会者都已清楚会议的目的。
- 就算阅读了邀请函，但有些人可能是在几天或几个星期前刚收到邀请函时阅读的，他们已经不记得邀请函中的细节了。
- 清晰的开场白可以让与会者将注意力放在当前讨论的主题上。
- 让所有与会者对会议的了解可以保持一致。大家听到的会议目标、有待解决的问题和建议的解决方案是完全一样的，在会议开场时接收到的情况介绍是无差别的，这有助于减少一些不必要的假设。
- 让与会者有机会针对会议的目标、有待解决的问题和解决方案等提问，以确认自己的理解。如果会议的某个内容并不明了，最好能在会议一开始就加以澄清，以确保大家的理解一致。
- 这样做有助于会议主持人放松心情。如果你会因为主持会议而倍感紧张，这种做法可以给你 1

分钟的时间放松地组织讨论。你可以直接朗读此前准备好的笔记，甚至不用再去思考开场时该说什么。

- 通过在 GPS 概述法中介绍会议的预期成果和建议的解决方案，就可以不再花时间介绍问题的来龙去脉。这样与会者从会议一开始就能把精力放在如何解决问题上。

工作以来，有很多年我必须一个接着一个地开会，中间甚至没有休息时间。在这种状况下，我必须让自己的大脑在几分钟内就切换到新的主题。如果会议由我主持，这样做的难度就会更大，因为当我试图开始下一场讨论时，我的大脑还依然在处理上一场讨论的结果。

为了让事情更简单，也为了避免在不同会议中弄混主题，我会在自己主持的会议上重述邀请函中的信息作为开场白。这样做不但有助于我切换主题，而且能促使我起草清晰明了的邀请函，因为我知道这些邀请函也将会是我在会议中的开场白讲稿。

> 起草条理清晰的邀请函有助于降低会议开场白的难度。

不要转发没有实质内容的会议邀请函

增加参会人员是件很容易的事情，点击几下鼠标，邀请函就直接发出去了。随着远程在线工作和电话视频会议的增多，会议室的大小不再重要，参会人员的数量也不再受这种因素的影响。正因为参会人数的限制被打破，我们发现日程表中的众多会议并不总是与自己相干。

转发会议邀请函并不是问题，问题在于转发缺少内容或内容不清晰的邀请函。如果我们转发无实质内容的会议邀请函，收件人便不得不找会议组织方了解信息，不然就只能亲自去开会了解情况，或者选择干脆对该邀请函视而不见。不管收件人做出何种选择，我们都有可能因此被视作糟糕的沟通者。

此外，如果能在会议邀请函中提供明确的信息，我们收到的询问会议情况的邮件也能相应减少。

如何减少不相干的会议

前文提到过，会议邀请无须确认谈话能否继续，但我们有必要在会议开场中对此进行确认。

就算我们在会议邀请函中对会议情况进行了准确无误的介绍，仍有人在收到邀请函后不会认真阅读。这种情况出现的概率会比你想象的高。这些人多半会坐在会议室里茫然不知自己为什么要参会。他们在浪费时间，我们也在浪费时间，因为我们无法如愿从他们那得到所需的信息。这种情况还可能会破坏我们优秀沟通者的形象。

请在借助沟通框架和 GPS 概述法介绍会议情况之后，再确认谈话能否继续。这种做法大有裨益：

- 与会者会自然地就会议目的、背景或概述提出疑问，以便确认信息。
- 组织者可由此确认参会人选是否合适。
- 这是让大家选择是否离场的最佳时机。

前面两项好处是不言自明的。第三项好处可能会让会议组织者感到不舒服。最初邀请大家参会可能已经难度颇大，为什么还要给大家选择是否离开的机会呢？在职场中，每个人都要为自己的行为和产出负责，所以大家要学会判断自己能否从会议上获得价值或为会议提供价值。这么做的关键在于要给参与者充足的信息以便做出明智的选择。

开始之后，请给予与会人员选择是否继续参会的机会。最简单的办法就是说："大家如果觉得这个会议没有参加的必要，可自由离开。"

沟通框架和 GPS 概述法应该可以为参会人员提供充足的信息，以判断该会议同自身工作的相关性，并决定是否有必要继续参会。

这种做法听起来实在疯狂，你或许认为有可能每个人都会起身离开。不过实际情况是，可能会有那么一两个人离场，但大多数人仍然会留下来参会。那些选择离场的人是要把自己的时间花在更具价值的工作上，这对他们自身和公司来说都是件好事。

> 我也承认这种方式不是放诸四海而皆准的，毕竟有些团队成立时间很短，经验不足，或者缺乏应有的职业精神。如果你清楚有些人员基于某些原因必须参会，请直接点名并要求他们务必参会。当你知道某些关键人员必须参会时自然也不会希望他们离场，其他人则可以选择离场。

有些人会因害怕离场而选择留下来参会，如果你知道某些人不一定要参加，也可以直接表明该会议对他们意义不大，并询问他们是否想要离场。在说这些的时候请一定给出明确的理由，例如："乔，我们今天讨论的所有问题都不涉及你的团队。你可以选择留下来听听，如果你想离开也没有关系。"他们有时候会借机离场，但有时候也会选择留下来继续开会，不管哪种选择都是可以的。关键在于你不是在强迫他们继续参会，他们也就不能指责你浪费他们的时间。

当会议将连续召开多次，且主题会有所变动，而某些主题并不涉及所有人员时，这种确认方式能发挥大作用。通过提供机会让人们决定是否继续参会的方式把时间还给大家，他们会因此而感谢你的。

这么做还有另一个好处：参与者是自行选择继续参会的，因此他在讨论中的参与度会更高。

是否应该用撰写邮件的方式撰写会议邀请函？

是否要采用撰写邮件的方式来起草会议邀请函呢？例如在开头先写“约翰，你好”。答案取决于我们自己，这在很大程度上受个人偏好和风格的影响。

我建议在起草会议邀请函时先阐述会议目的，直接跳过“约翰，你好”这种问候的段落。之所以这样说有两个原因：

- 多数会议邀请函针对的是多人，如果仅跟其中一个人打招呼会让人感到很尴尬，而要在邀请函的开头将所有受邀者的名字都列出来似乎不切实际。
- 很多人会用手机来阅读会议邀请函，手机屏幕不大，所以我们应该在邀请函的第一行就阐述会议目的。这样做可以提高大家看到会议目的的概率，从而提高人员到会率和参与度。

如果你觉得这种框架设计方式虽然条理清楚但缺少人情味，你可以在关键信息之后再附上一段针对个人的留言或邮件内容。

高质量沟通小练习

请找到你为即将召开的会议发送的会议邀请函。

- 该邀请函是否对会议主题进行了清晰明确的阐述？
- 该邀请函是否包括了本节所介绍的所有要素？

若没有，请重新起草该会议邀请函，请在邀请函中阐明会议的目的、预期成果，以及关键信息或概述。

改写完成后，请以最新情况更新的形式重新将邀请函发送给所有与会人员。不要担心自己发送了过多的会议情况更新，要知道很多人会非常高兴看到新邀请函清晰的内容，他们不会因为收件箱里多收了一封邮件而烦心。如果你不想更新既有的会议邀请函，请确保自己在下一封会议邀请函中采用本节所介绍的方法。过去无法更改，但你可以改变现在。

汇报最新情况

在本书中，我介绍了各种情形的案例，旨在告诉大家如何在不同的工作环境和沟通场景中把握住第 1 分钟。有些情形并未明确出现在案例中，但我们同样可以在其中应用沟通框架和 GPS 概述法。

我们在前文中已经探讨过如何借助沟通框架和 GPS 概述法来汇报最新情况，在此再进行一下小结。

每次汇报都必须设计沟通框架。若涉及多个方面，则必须遵循多主题沟通框架设计原则，针对每个主题的最新情况设计其框架，并确保背景、意图和关键信息都清楚明了。

最新情况汇报所针对的要么是正在进行的工作，要么是最近已经完成的工作。如果最新情况汇报所针对的是将来的工作，则与正在进行的工作一样，都应该把重点放在解决问题和实现目标的具体行动和下一步工作上。

介绍最新情况时，GPS 概述法应该遵循本书所介绍的步骤和原则。谈话对象就算熟悉该项目，可能也不了解讨论的具体问题，即使他们熟悉所讨论的具体问题，我们也应该在 GPS 概述法中强调讨论的目标，并对问题进行简洁的介绍。要点是将重点放在最新情况和下一步工作上。这种方式可以让你充分介绍主题，以确保谈话对象对情况的了解和你保持一致，同时又不至于浪费时间去重复他们早已经知晓的内容。

谈话对象对目标或问题本身了解越少，GPS 概述法中的这部分内容就越应该详尽。重点依然应放在解决方案上，因为那才是探讨的价值所在。若在阐述目标和问题时不能根据听众对情况的掌握情况来调整信息的详尽度，解决方案就没有意义。这其中的平衡点有时候会难以把握，请使用确认谈话能否继续的方法让听众有机会提出问题，以便做更详尽的了解。就算你对概述过度简化，你仍然能比根本没有概述时为主题提供更好的开场。

重点关注解决方案，而非问题本身

在向上级汇报最新情况时，请尽量避免花大量篇幅介绍问题本身。尽管对方会客气地谢谢你和团队付出努力去解决问题，但他们更在乎的可能是问题是否得到了解决。所以不要花太多时间去纠结问题本身，而是要将重点放在解决方案上。

人们也同样容易花大量篇幅去解释解决方案。这点不难理解，毕竟这是展示自己和团队克服挑战取得成绩的好机会。但就像同汽车修理工的谈话一样，倾听的一方只想知道车子是否得到了修理，如果还没有修好，那么还需要多长时间，以及是谁在负责修理工作。

在进行 GPS 概述法时，如果解决方案是将来的某个行动计划，文字请务必简明扼要。若没有特别要求，请不要细致地讲述为解决问题而计划开展的每个步骤。我们只要介绍行动计划的摘要，然后等对方就细节提问即可，如果他们有兴趣了解更多详细的内容就必定会提问。

在向组织内的同级或下属汇报最新情况时，也应该采取同样的方式：简要概述，将重点放在接下来的工作上，然后请对方根据各自的需要提问。

只需 1 分钟

在很多情况下，大家需要的只是对情况的 1 分钟概述。

人们常会错误地认为，在汇报最新情况时必须详细介绍此前为解决问题所开展的一切工作，或者是逐一介绍已经完成的各项工作，唯有如此才能说明当前一切进展顺利。基于某些原因，人们也会误认为经理人或团队会对细枝末节的东西感兴趣，或者说需要加以了解。但也正因为如此，最新情况汇报会通常要拖上一个小时或更久。

高质量沟通小练习

在下一次汇报最新情况时，请只包括沟通框架、概述和确认说话能否继续三大部分，除此之外不要再增加任何多余的东西。你或许会惊奇地发现，会议时间大幅缩短，大家提出的疑问数目也相应骤减。

应对突然提问

有时候别人会突然向我们提问，或者请我们解释某件事情。可能是在会议上，我们突然被点名回答一个问题，或者是有人走过我们的工位，顺便问我们某件事情。不管是哪种情况，大多数人都并不喜欢这样毫无准备地突然被提问。面对这种情况，我们常常会有点慌乱，说话也欠缺条理。

在这种情况下，沟通框架和 GPS 概述法可以帮助我们给出简洁明了的答复。不妨先缓一下，给自己一点时间回想一下沟通框架的三要素（背景、意图、关键信息）和 GPS 概述法的三个部分（目标、问题、解决方案），然后运用这些方法搭建起答复的架构。

为答复设计沟通框架有助于我们澄清相关的问题，比如下面的案例：

> 经理："这个月销售额低于预期的原因是什么？"
>
> 你："本月销售额低于预期的原因在于……（插入关键信息，插入目标、问题和解决方案）。"

重述一遍问题，这种做法不仅仅是为了确认你所听到的问题，也是在为答复提供背景和意图。接下来就是用一句话阐述关键信息，紧接着则是运用 GPS 概述法进行概述。

如果你被问到的问题和案例中类似，我们的回答很容易让人感觉是在辩解。毕竟所问的不是什么好事，人类的天性会促使我们想去找借口。GPS 概述法可以帮助我们保持冷静和客观，将注意力放在解决方案上。我们的答复应着重于为了避免的糟糕结果已经采取了哪些举措，或者是正在开展哪些工作以改善最近的情况。不管是哪种答复，所提供的信息都是积极向上的，重点都是在力争更好的结果。

该原则也有例外。如果你对被点名问到的问题一无所知，就无法使用沟通框架或 GPS 概述法了。这时候我们就要坦承自己并不了解情况并向大家道歉，然后表明自己缺乏相关信息，并提出解决办法，比如收集信息后在近期合适的时间里和大家分享（如事后发邮件给大家，或者在下一次会议上汇报最新情况）。

汇报工作

向上级汇报通常发生在需要组织内更高级别的人采取行动或了解情况时。我们曾就“事先告知 / 仅供参考”和“请求帮助”两种情形在前文中举例说明。

当我们因为下列情况向上级进行汇报时，沟通框架和 GPS 概述法是保证沟通质量的必要元素。

- 尽快说重点。
- 沟通框架和 GPS 概述法都要立足于事实，这就避免了受情绪影响和找借口的情况发生，汇报对象因此能更轻松地对情况进行评估。
- GPS 概述法的重点是解决问题，这就确保了向上级汇报问题不是对糟糕的事情进行抱怨，而是真正地制订计划去关注如何解决问题。

如果是口头汇报，请提前起草概述并用文字记录下来随身携带。不要省略任何一步，尤其是解决方案的内容，因为解决方案才是汇报的核心。

如果是通过电子邮件进行汇报，也请遵循上文中所介绍的方法和步骤，确保电子邮件的内容短小精悍、条理清楚。

如果你对应该如何解决问题毫无头绪，这意味着你正利用 GPS 概述法中的“解决方案”部分向汇报对象请求帮助。这种方式仍很有用，因为它能快速明确地定义问题并留出更多的时间来探讨可能的解决方案。

称赞和夸奖他人

本书中的很多案例都是关于负面情况的，这是我们有意为之的，因为我们的大部分工作内容就是应对挑战和解决问题。但工作也关乎实现目标，而且我们应该为那些成绩开心庆祝。

但就算在分享好消息时，人们也难以容忍冗长含糊的解释。不管是称赞和夸奖，还是就负面情况进行沟通，我们都必须直入主题。毕竟直入主题就意味着人们可以更快知晓原因，这样就会有更多的时间来进行庆祝。

分享好消息时要遵循同探讨问题时一样的原则：介绍背景，清楚表明意图，然后直奔主题。

项目演示

演示涉及 PPT 或对着满屋子人讲话，但从多个方面来说演示也类似于谈话。除了销售和营销之外，工作中进行演示的目的主要是为了发布信息、求助、针对计划书征询意见、请他人做定夺等，与我们工作中的大多数谈话相同，所以框架设计和 GPS 概述法的原则也同样适用于此。

网上有大量关于如何进行演示的信息，在此我不想复述或反驳其中任何一条。框架设计和 GPS 概述法为大家提供了演示开场白的格式。

在开始进行演示时，听众需要了解背景、意图和演示的整体信息。他们可能已经从会议邀请函中获得了相关信息，也可能没有。不管听众事先是否知晓这些信息，我们都最好能在演示一开始先加以介绍，以确保大家在一开始对演示的目的有统一的认识。

在开场白结束后，你可以像往常一样根据演示文稿的内容来一一进行解说。切记，该建议所针对的是工作中的演示，如果你的演示仅是为了娱乐，或者是进行类似于 TED 演讲风格的演示，这些技巧可能并不适用。

即时通信应用

许多公司的员工会通过内部即时通信应用进行沟通，比如 Skype、Slack、微软 Teams、Flock 和 Chatwork 等。当你阅读本书时，其中一些应用可能已经消失，也有些可能已经流行开来。不管怎样，即时通信应用已经成为工作中的重要沟通工具。

不管你所在的组织使用何种即时通信应用，框架设计和 GPS 概述法的原则都同样适用。相较于电子邮件而言，通过这些应用传递的信息在风格上更接近于交谈。内容的即时传送可以让双方你一言我一语地进行交谈，而不是一次性传送完整的信息。

大家可能会先打招呼，寒暄几句，但当话题切换到工作上时，时间确认、沟通框架设计、GPS 概述法和确认谈话能否继续等要素都是必需的。

同面对面的沟通一样，我们所发送的信息必须明确告知谈话对象聊天会需要多长时间、我们打算谈些什么、我们希望对方在接收到信息后怎么做，并对核心信息进行简短的总结。

即时通信应用上的对话会显得比较随意，但这并不意味着我们的沟通就可以不那么清晰。只要遵循本书所介绍的原则，那么不管信息的传递方式是什么，其内容都能做到简洁明了。

面　试

要说哪种情况下我们最想要正确把握住第 1 分钟，那就是面试新工作的时候。不管是在目前的公司申请新岗位，还是想加入新的公司，第一印象都至关重要。面试提供了大量正确或错误把握第 1 分钟的机会。

几乎所有公司都把沟通能力列为最重要的三大能力之一，所以面试是证实自己能简洁明了、条理清晰地进行沟通的最佳时机。

幸运的是，面试为我们提供了充分利用框架设计和GPS概述法的最佳机会。在面试的第30分钟到第90分钟的时候，面试官会要求我们：

- 请举例说明……
- 请说说你某次……

面对这类问题，我们不可能有 10 分钟的时间来阐述所举例子的背景，而是必须快速讲述面试官真正想了解的内容。除非我们是在目前的公司接受面试，而且面试官熟悉我们此前的工作，否则他们对我们针对问题所举的例子一无所知。

通过沟通框架和 GPS 概述法，我们可以用不到 1 分钟的时间介绍各种情况。在回答面试中的问题时你可以采用这个绝佳的格式。

面试官希望了解你在面对困境时的表现，以及你将如何应对工作挑战。要回答这些问题，最佳的格式莫过于简洁明了地介绍你当时的目标是什么、遇到了哪些障碍，以及你怎样解决了这些问题。

沟通框架

只要对沟通框架精心加以设计，我们只需短短几秒钟就能让面试官做好倾听我们例子的准备。

在面试中回答问题时，我们可以采用以下的沟通框架：

- **背景**：使用通用语言介绍当时的情况。不要强调项目或系统名称，因为它们对团队外的人员可能毫无意义。
- **意图**：表明当时你必须实现什么目标。
- **关键信息**：在描述困境时关键信息是什么？关键信息通常就是我们成功克服的问题或挑战。

当要介绍自己失败的经历时（某些面试会请面试者介绍自己曾经的失败经历），以上原则就不再适用。在这种情况下，关键信息可以是对失败或挫折的 GPS 概述法。

GPS 概述法

在设计了答案的框架之后，就可以通过 GPS 概述法简洁明了地举例。

- **目标：** 介绍当时的目标，这个目标可以是你个人的目标、公司的目标，也可以是你要协助其他人实现的目标。这部分内容可能与沟通框架有所重叠，但没有关系，只要不是照搬框架中的词语即可，这将有助于强化例子中的信息。
- **问题：** 介绍阻碍你、公司或他人实现目标的问题。
- **解决方案：** 简单地介绍你为克服难题所做的工作。如果描述的是他人遇到的难题，在解决方案部分就要介绍你是如何协助他人解决难题的。

在用不到 1 分钟时间进行概述后，你可以就自己如何克服难题实现目标提供更多细节。在回答任何面试问题时，我们都应该就事论事、适可而止。

下面举例说明如何运用沟通框架和 GPS 概述法来回答

典型的面试问题。

案例 1：请说说你在工作中遇到过的困境，你又是如何克服的？

背景：我正在力争同一位重要客户签约。

意图：合同需要一位高管批准。

关键信息：但我找不到人签字，可能会因此失去该年度最大的订单。

目标：我当天下班前必须找到高管签署这份重要客户的合同终稿。时间很紧，但我必须做到，否则该客户就会和我们的竞争对手签约。

问题：我必须在下班前签署该合同，否则客户会同竞争对手合作，而高管们都在公司外开会，我们被严格要求不得打扰他们。

解决方案：我联系了销售副总裁的行政助理，询问是否有紧急联系电话，同时我也向自己的经理请求帮助。此后，我告知客户合同签字可能需要几个小时，我不想让客户因耗时过长感到意外。我的经理联系到了副总裁，然后我带着合同开车去他们的开会地点请他签字，接着又将签好的合同送给快递员。及时将合同送到了客户手里。

在短短几句话里，面试者已经阐明当时发生了什么，以及那为什么是个难题。沟通框架讲明了当时的情况和需要解决的问题是什么。GPS 概述法则就该问题提供了更多的细节。解决方案部分讲述了面试者尝试通过多个途径来解决问题。解决方案中的每句话都言之有物、切中主题，且没有任何多余的细节。

这个完整的答案不用两分钟的时间就可以说完。在给出如此短小精悍的回答后，我们还会有充足的时间来确认是否要继续介绍。你可以问面试官是否愿意了解更多，或者你是否需要再对其中的某个部分做更多介绍。

面试者在听了你的概述后可稍加停顿，此时面试官可以选择就答案的某个部分继续提问，也可以选择进入下一个问题。很多人在回答问题时滔滔不绝，但提供的细节却是面试官无须了解或并不在乎的。这种做法是在浪费时间，而这些时间本可以用来举更多的例子，以便让面试官了解为什么应该聘用你。

案例 2：请介绍一次你不遗余力帮助他人的经历。

背景：我必须在截止日期前提交月度客户报告。

意图：我计划当天下午完成报告。

关键信息：团队中的新成员克丽向我求助，我不得不在帮助她还是完成自己的报告中二选一。

目标：克丽第二天要在经理们面前进行首次演示。所有部门负责人都将参会，克丽知道这是她脱颖而出的机会。

问题：但克丽最近才刚刚接手这份工作，而在她接手之前这份工作进展得不太顺利。要当着众多高管发言，而自己又只能分享糟糕的消息，这让克丽非常紧张。如果要帮助克丽，我将牺牲大半天的时间，那样我自己就有可能无法按时完成工作。

解决方案：我将一个不太重要的会议改期，并将那天下午空了出来，以便帮助克丽准备她的演示。她在我面前进行了预演，我们根据我对项目的了解修改了演示文档，并针对最可能被问到的问题准备了答案。在她放心之后，我又回头去完成自己的报告。我不得不在晚上加了几个小时的班来完成报告，但我觉得很值得，因为克丽的演示取得了成功。

在这个案例中，沟通框架设计的重点是你遇到的问题和你的处境。这也提供了一个背景，说明该案例为什么能证明你不遗余力在帮助他人。

而与 GPS 概述法又稍有区别，因为它着重于介绍克丽的目标，也就是你要帮助的那个人的目标，而非你自身的目标。问题要素总结了克丽遇到的问题，该问题也同你自身所面临的问题建立起了联系（除非你自身在某个方面也受到影响，否则无法说明你是在特意帮助他人）。解决方案部分则着重介绍了你如何帮助克丽，以及怎样解决自身的问题。

面试前的准备

你可以针对面试中的问题即兴起草答案，在你能熟练使用沟通框架和 GPS 概述法时更加可以这么做。当被问到事先没有准备过的问题时，这两种方法的确能发挥大作用。但更多的时候，你最好能事先为面试做好准备，即先了解一些在面试中可能会被问到的问题，然后自己预先有针对性地准备一些事例。在准备事例的时候应该利用沟通框架和

GPS 概述法，先把事例写下来，然后再根据面试中常见的问题加以检查核对。你或许需要针对不同的问题对事例的沟通框架稍加调整，以突出相关的要点。

如果你的事例可以用于回答面试中的多个问题，那么你就可以在回答时沿用之前所谈到的目标和解决方案。这样不仅可以节约时间，还能帮你快速切入解决方案部分，毕竟那才是能充分证明你的能力的重点。

在面试中运用这些技巧时，最主要的变化就是所有的内容都必须采用过去式：你要说的不是自己需要什么，而是自己过去需要什么。其他的要素都不变。

面试通常会让人感到高度紧张、压力颇大，这可能导致我们无法充分发挥自身的沟通技能。但有了沟通框架和 GPS 概述法的帮助，我们就可以用短小精悍的回答在面试官面前展现自己出色的沟通能力。

本章小结

同面对面谈话一样，在本章不同场景中我们同样可以使用沟通框架、GPS 概述法和确认谈话能否继续等方法。先提供简明扼要的信息，随后向信息接收方确认其是否有能力和时间做出回应，这对于良好的沟通至关重要。

在运用时需要注意：

- 即使必须在电子邮件中传达一定量的信息，也要做到简明扼要。
- 设计会议邀请函的框架时，应使用小标题阐明背景、意图、会议目的和会议预期成果。如果会议有议程，也请确保每个主题的框架都经过精心设计。
- 最新情况汇报应该把重点放在解决问题和实现目标的具体行动和下一步工作上。
- 应对突然提问所提供的信息都应积极向上，重点是在力争更好的结果。

- 不管是称赞和夸奖，还是就负面情况进行沟通，我们都必须直入主题。
- 在面试中运用这些技巧时，最主要的变化就是所有的内容都必须采用过去式，其他的要素都不变。

结语

开启高质量沟通，从做对第 1 分钟开始

任何沟通的第 1 分钟都是至关重要的，它将直接影响谈话的成功与否。谈话的第 1 分钟决定着谈话对象的参与度、理解程度和下一步行动。如果谈话没有清晰明了的开场白，谈话对象可能就会疑惑不解，甚至觉得自己是在浪费时间，而我们也就无法取得想要的结果。

精心准备能让你的信息更好地被谈话对象所理解。你应该准确告知对方谈话预计需要多长的时间，这样他就会知道自己要花 30 秒还是 30 分钟进行讨论。请利用沟通框架来抓住谈话对象的注意力，让他们了解谈话的背景和你的沟通

意图，然后通过关键信息来快速切入主题。

在引导谈话对象做好接收信息的准备后，请通过明了的 GPS 概述法来集中他们的注意力。多数工作谈话都是为了解决问题和实现目标。在对主题进行概述时，你应该先清楚阐述自己的目标，这有助于对方了解你的意图。接下来简要介绍阻碍目标实现的具体问题，然后再提出解决方案。该解决方案可以是真正能解决问题的方法，也可以是请求对方协助。不管是哪种，请确保在概述时着眼于将来，而非纠结于过去。

除非想在发言时故意制造紧张或好玩的气氛，否则在一开始你就应该用短短几句话对主题进行概述，这样做有助于帮助谈话对象了解全局。不管主题有多么复杂，都可以用短短几句话进行总结。

最后，不要忘记沟通是两个或多个人之间的交流。我们可能已经做好了阐述自己主题的准备，但对方也许还没有准备好接收信息。请先确认对方是否有时间、精力和能力来进行谈话和处理问题，也请给对方将谈话改期或指引我们向其他人寻求帮助的机会。

本书所介绍的方法虽然比较简单，但只有花时间多加练习才能得心应手地运用。在每次沟通之前，你可以先将沟通框架和 GPS 概述法写下来。这个步骤只需要占用一到两分钟的时间，却能让你高效简洁地进行谈话，从而帮你节约数倍的时间。

久而久之，你会发现自己能自然而然地从背景、意图、关键信息、目标、问题和解决方案等几大要素的角度思考。最终，你将无须在谈话前预先写下这些要素，只有在部分重要的场合下，我们才会选择先准备一点草稿以备用。当主题很复杂或谈话极其重要时，你仍然要事先起草并写下概述。在重要的时刻，再细致的准备也不为过。

感谢你给我机会分享这些方法，我相信它们将帮助你成为优秀的沟通者，让你在工作中的谈话更明了、更高效，也更具建设性。

附 录

实战练习题

THE FIRST MINUTE

为什么第 1 分钟非常重要

在学习新方法或新技巧时，第 1 分钟将帮助我们更好地了解有待解决的问题。本练习中提出的问题将帮助我们理解第 1 分钟的重要性，发现沟通中要避免的一些问题。我们将通过练习相关技巧来学习如何避免此类问题。

你为什么觉得第 1 分钟非常重要？

____

____

____

如果交谈中开场白说得非常糟糕，会有什么样的后果？

____

____

____

如果起草电子邮件时开场白冗长啰唆、表述不清，会带来什么样的后果？

____

____

____

现在，我们应该有了一个清单，列举了不擅沟通会导致的后果。有些后果可能比较轻微，有些则可能极为严重。不管怎样，最好还是在沟通中避免这些后果的出现。

为单一话题设计沟通框架

在就工作进行交谈时，你在开场时遇到最大的难题是什么？

____

____

____

当有人就工作与你沟通时，你在谈话一开始就希望了解哪些信息？

____

____

____

背 景

在工作中进行沟通时，有哪些关于背景方面的例句？请记录你上星期与工作相关的对话或电子邮件的背景。

背景 1:________________________________

背景 2:________________________________

背景 3:________________________________

背景 4:________________________________

背景 5:________________________________

背景 6:________________________________

背景 7:________________________________

背景 8：________________________________

背景 9：________________________________

背景 10：________________________________

值得思考的问题：

- 在进行谈话或撰写电子邮件时，你是否用简短的几句开场白清楚阐述了对话的背景？
- 以后是否还会再次涉及这些背景？若是，请做好笔记，每次打算谈论这些内容时可以借用同样的背景介绍内容。

意　图

本练习中，我们将再次使用在上一个练习中完成的背景案例。针对上一个练习中列举的 10 项背景介绍，请分别阐述对应的意图。不必用完整的语句来表述意图，只要确保清楚地说明你希望对方如何处理这些信息。

例句：

- 请您帮助我。
- 请您给予建议。
- 您在同客户交流前需要了解这些情况。
- 这是您需要的报告。

序号	背景	意图
1		
2		
3		
4		
5		
6		
7		
8		

续表

序号	背景	意图
9		
10		

值得思考的问题：

- 在谈话或电子邮件的开场白里，你是否清楚表明了自己的意图？

若答案为否，你就必须在这方面加以练习。我们应该始终对自身的意图有明确的认识，并且在开始谈话时就清楚地向谈话对象阐明。

关键信息

针对我们在“意图”练习中所列举的 10 个主题写下对应的关键信息。请采用完整的语句加以表述，且不得背离相应的背景。

例句：

- 我们刚刚签下一个新客户。
- 我们经验最丰富的开发人员打算离职了。
- 系统出了故障，修理工作需要一个星期的时间。
- 我们将提前完成。
- 你获得了 ××× 奖项的提名。

序号	背景	关键信息
1		
2		
3		
4		
5		
6		
7		

续表

序号	背景	关键信息
8		
9		
10		

值得思考的问题：

- 你是否能轻松地归纳出关键信息？
- 关键信息是否只有一点？

如果我们自己都难以把关键信息归纳整理出来，那对于谈话对象来说难度会更大。他们没法利用你脑中的信息，必须靠自己在冗长杂乱的介绍中去寻找关键信息。

如果想就多个方面进行沟通，请做好笔记。后文中，我们将会练习如何针对多个主题设计沟通框架。这些案例迟早会派上用场。

组合三要素

前文的 3 个练习中有多个案例，请从中选择 5 个，然后使用这 5 个案例撰写每次交谈的开场白。所撰写的开场白应可以大声地向他人说出。请确保使用完整的语句，不要简写。本练习旨在帮助大家根据自己的说话风格设计沟通框架。

请数一下每个沟通框架所使用的字数，并记录在对应的空白处。

交谈 1：________________________________

____

____

____

字数：

交谈 2：____________________

____

____

____

字数：

交谈 3：____________________

____

____

____

字数：

交谈 4：____________________________________

字数：

交谈 5：____________________________________

字数：

请参考“回顾与评估”单元，了解自己的表现情况。

回顾与评估

让我们来看看大家做得怎么样。请将 5 个沟通框架的字数相加，并填入下面的框中，再根据衡量标准给自己打分。

5 个沟通框架的总字数：	

少于 100 字：非常出色

101 ～ 149 字：表现不错

150 ～ 199 字：表现一般

超过 200 字：请多加练习以提高

多数人在进行交谈时开场白的字数会超过 100 字，所以如果你使用的字数低于 100 个，那就是在正确的方向迈出了一大步。

如果你的字数合计超过 150 个，别着急，这样并不差。

如果总字数超过 150 个，说明你需要勤加练习，因为平均到每个沟通框架的字数超过了 30 个。如果沟通框架的字数达到 30 个，要大声说出来需要大概 20 秒钟。这个时间长度更适合于 GPS 概述法，对沟通框架来说略长。请坚持练习。学习是一个循序渐进的过程，而不是一种骤变，要掌握这些技巧就必须勤加练习。再检查一下自己的案例，并尝试将每段话缩减到 20 个字左右。

请注意：字数少并不意味着沟通框架的质量就高。字数少仅仅只是设计高质量沟通框架的原则之一。我们所使用的字词必须言之有物，同时请确保使用完整的句子，且语法正确。

如果难以将字数缩减下来，请再看看第 1 章中的案例，想想如何调整自己的沟通框架以简化内容。

评估你设计的沟通框架

到现在，我们已经练习过如何设计沟通框架，是时候把这些内容应用到我们的工作沟通中，看看自己的表现如何了。

请在发件箱中找到最近一封重要的电子邮件。邮件越长越适合于本练习。我们的记忆力实际上并不像自己所想的那样可靠，所以请在本练习中使用电子邮件，这将有助于我们真正了解自己此前写的内容，而不用努力去回想自己当初是如何开始某段交谈的。

请看看电子邮件的主题栏和第一段的内容。

- 你提供了背景资料吗？ 是 / 否
- 你的意图表述清楚吗？ 是 / 否
- 你是否一开始就概括了关键信息？ 是 / 否

如果每个问题的答案都是“是”，那恭喜你。不管你是否意识到，你都已经出色地掌握了沟通框架设计的核心要素。

如果某个问题或所有问题的答案是“否”，那也没关系。可能这封电子邮件的沟通框架设计不尽如人意，但你现在也已经懂得下一封邮件要如何加以改进，让表述更加明了了。

不管上述 3 个问题的答案是"是"还是"否"，你依然可以使用这封电子邮件来练习如何进行出色的框架设计。

问题：你会如何进行调整，让这封电子邮件的开场白表述更加清晰明了呢？

请修改或重新撰写这封电子邮件的开场白，确保自己在开场白中清楚阐明背景、意图和关键信息。

____

____

____

____

字数：

字数少于 30 个吗？倘若如此，恭喜你，做得很棒！

请在电子邮件的主题栏里说明背景和意图，这样收件人在打开邮件前就能清楚了解该邮件的主题。

为未来的沟通做准备

现在是时候在将来的工作中应用你的新技能了。本练习将帮助你为下星期将要进行的交谈或将要发送的电子邮件做好准备，也就是练习为与自身工作密切相关的主题设计沟通框架。

你接下来需要和团队、上司或其他同事就哪些主题进行沟通？请使用沟通框架设计技巧，针对每个主题写一小段简短的交谈开场白。相比于张嘴就说或提笔就写，这样可以针对交谈进行更好地计划和准备。此外，将所设计的沟通框架写到纸上后，你可以随身携带，并在谈话开场时参考使用。没人会批评你在交谈中有备而来的。

沟通框架 1

背景：________________________

意图：________________________

关键信息：________________________

字数：

沟通框架 2

背景：________________________

意图：________________________

关键信息：________________________

字数：

沟通框架 3

背景：________________________________

意图：________________________________

关键信息：____________________________

字数：

沟通框架 4

背景：________________________________

意图：________________________________

关键信息：____________________________

字数：

沟通框架 5

背景： ______________________________

意图： ______________________________

关键信息： __________________________

字数：

值得思考的问题：

- 你的语句是否短小精炼？
- 你所写的内容是否符合平时说话的方式？虽然本方法的重点是言简意赅，但我们在说话时不能显得过于刻意。
- 利用沟通框架来设计的开场白是否有助于你提高下一次谈话的精准度？

多主题综合沟通框架

让我们借用上个练习中沟通框架的案例，选择两个不一样的背景并写下来。完成这一步应该用时较少，因为高质量沟通框架的字数不能超过 20 个。

接下来请针对该谈话起草综合沟通框架，该框架应该同时包括上面两个主题。在设计综合沟通框架时，我们不用拘泥于“二三十个字”这个目标。在为多个主题设计沟通框架时，我们用到的字数会更多。

值得思考的问题：

- 用综合沟通框架来作为谈话的开场白，这种做法能帮助你在思考时清楚区分这些主题吗？
- 你将偶尔还是经常使用该方法？

请回顾前面练习中所设计的沟通框架，从中选择背景相同的两个案例填入下面的空白处。如果此前练习的案例背景各有不同，请从中选择一个案例，然后再针对其背景设计一个新的案例。所选案例可以是真实的，也可以是虚构的。

接下来请设计综合沟通框架，为包括这个两个主题的谈话起草开场白。综合沟通框架无须遵循“二三十个字”的原则。在为多主题谈话设计框架时，所用字数会相对多些。

沟通框架 1：

背景： ______________________

意图： ______________________

关键信息： ______________________

沟通框架 2：

背景： ______________________

意图： ______________________

关键信息： ______________________

请在下文空白处起草综合沟通框架，在一次谈话中引入两个主题。综合沟通框架信息量较大，因此所需书写空间也更多。

综合沟通框架：

单一背景： ________________

两个意图： ________________

两条关键信息： ________________

值得思考的问题：

- 你觉得有必要解释两个意图或两条关键信息是如何彼此关联的，又为什么会存在这种关联吗？
- 关键信息和意图的阐述顺序一样吗？
- 如何能更明显地体现有多个主题待讨论？

在设计综合沟通框架时，我们有可能会用个人描述取代事实阐述。要避免这种情况的发生，就应将重点放在阐述事实上，而非发表个人观点或纠结于背景信息。

为未来的多主题谈话做好准备

在练习设计综合沟通框架的时候，最好使用过去的电子邮件和谈话。充分掌握该方法后就可以在未来的沟通中加以应用。

下个星期你在工作中将要发送什么涉及多个主题的电子邮件，或者需要进行什么涉及多个主题的谈话？这些主题背景和意图可能相同，也可能有差异。只要是在同一次谈话中探讨两个截然不同的主题就可以。

请针对每个主题设计沟通框架，然后再设计综合沟通框架，在谈话中同时引入两个主题。

沟通框架 1：

背景： ______________________________

意图： ______________________________

关键信息： ___________________________

沟通框架 2：

背景： ________________________________

意图： ________________________________

关键信息： ____________________________

请在下文空白处就以上内容起草综合沟通框架，在一次谈话中引入两个主题。综合沟通框架信息量较大，因此所需书写空间也更多。

综合沟通框架：

背景： ________________________________

意图： ________________________________

关键信息： ____________________________

现在，我们已经有了书面的综合沟通框架，谈话开场的难度会因此大幅降低。这种简单的方法可以让你和谈话对象更明了地开启谈话。

下面提供了更多空间用于练习综合沟通框架的设计。

请选择你需要马上进行沟通的主题，这些主题有着不同的背景和（或）意图。请针对这些主题设计沟通框架。

综合沟通框架 1：

背景： ________________________________

意图： ________________________________

关键信息： ____________________________

综合沟通框架 2：

背景： ________________________________

意图： ________________________________

关键信息： ____________________________

综合沟通框架 3：

背景： ________________________________

意图： ________________________________

关键信息： ____________________________

工作中的目标有哪些

请列举工作中的部分目标，其中包括日常目标和重要目标，这些是我们在工作中的核心奋斗方向。

不要落入描述的陷阱，在阐述目标时切记不要用任何多余的词语。阐述目标时，用词多不代表意思明了。

日常目标

这些目标可以在一天内完成，完成时间最长不超过一个星期，如完成一项任务、撰写一份文件、制作一个小东西并确保符合某程序要求等。

1. ____

2. ____

3. ____

4. ____

5. ____

6. ____

7. ____

8. ____

9. ____

10. ____

重要目标

这些目标的实现需要数个星期或数月的时间，如完成一个项目、实现销售目标、开发一个软件等。

1. ____

2. ____

3. ____

4. ____

5. ____

要完成本练习，我们首先需要思考工作中有哪些目标。将这些目标一一写下来是一种让目标更为直观的方法，但我们通常没这么做。所以请养成良好的习惯，在思考日常目标时将它们写下来。

如果你发现很难列举工作中的目标，那么请想想你每个星期有哪些任务、工作和具体指标。这些都是要力争实现的目标。

值得思考的问题：

- 你是在阐述目标还是描述目标？
- 你在列举目标时是不是喜欢说“因为……”？
- 你的部分目标是不是常常会重复出现？

我们在介绍目标时，一般会喜欢介绍背景情况和来龙去脉，但这些信息同目标的定义并无关联。如果你在列举目标时喜欢说“因为……”，那么请回过头去删除这些内容和你给出的解释。在删除这些内容之后，目标的阐述是否变得更明了了呢？

如果某些目标会反复出现，我们在概述时可以照搬此前的遣词用字。记录下这些会重复出现的目标，在以后的概述中可以直接借用。

目标的时间要求

在阐述目标时，你或许希望加上该目标的时间要求，例如："星期五前将月度报告发给财务部的萨莎。"时间要求可以被视为目标的一部分，前提是该时间要求与希望解决的问题相关。如果时间要求与问题或解决方案无关，则不必在阐述目标时加上。

日常问题

不管主题有多么复杂或多么普通，我们在解释时都必须能让谈话对象快速听懂并理解该主题。

在上一个练习中，你列举了自己的日常目标，现在请针对这些目标分别列举你遇到的问题，一个即可。

序号	日常目标	问题
1		
2		
3		
4		
5		

重要问题

请针对上文列举的重要目标分别列举你遇到的问题，一个即可。

序号	重要目标	问题
1		
2		

续表

序号	重要目标	问题
3		
4		
5		

本练习将帮助大家思考在工作中要处理和克服的问题。这份清单应该包括我们在工作中要投入时间处理和解决的事情。

值得思考的问题：

- 你对问题的阐述能在其他团队成员处引起共鸣吗？
- 团队以外的人能看懂你写下来的问题吗？
- 高层能理解为什么该目标很难实现吗？

如果以上问题的答案都是“否”，请使用团队外部人员能懂的语言来重新定义你的目标和问题。请从最终结果和终端用户体验的角度去考虑问题的定义。

你在工作中会采用什么解决方案

我们已经有了明确的目标，也知道了在工作中要解决的问题，现在是时候考虑一下解决方案了。

针对上一个练习中列举的问题，有什么方法可以去解决这些问题？请用一两句话写下相应的解决方案。

如果不确定某个问题应该如何解决，也请不要担心，这并不是测试。你写下的解决方案不一定是每个问题的最佳解决方案。本练习旨在帮助大家以简短的语句总结解决方案。你可以通过本练习写下每个问题任何可能的解决方法。

日常问题的解决方案

序号	日常问题	解决方案
1		
2		
3		
4		
5		

重要问题的解决方案

上一个练习中列举的重要问题有什么解决方案？请用一两句话写下来。

序号	重要问题	解决方案
1		
2		

续表

序号	重要问题	解决方案
3		
4		
5		

值得思考的问题：

- 是否每个问题都有对应的解决方案？如果没有，那也没有问题。请大家学习第 2 章，了解当不知道解决方案时应该如何来阐述。
- 在每个案例中，对解决方案的讨论属于哪个类型呢？你是在寻求他人给出解决方案、就解决方案提出建议，还是汇报自己的解决方案呢？
- 如果让你用一句话来阐述解决方案，你觉得难度有多大？
- 团队外的人能明白你对解决方案的阐述吗？当他人的技能和信息量均不及你时，他们能看得懂吗？
- 你是否觉得应该对解决方案加以描述，解释该方案将如何发挥作用，以及为什么需要这个解决方案？

众所周知，我们很难用一句话来阐述解决方案。我们会想要用长篇大论来描述解决方案，是因为我们为该解决方案而骄傲，或者不是很有把握，希望能得到他人的建议。我们会解释为什么选择该解决方案，以便谈话对象了解选择的初衷，或说服谈话对象，让他们相信该选择的好处。

如果感觉难以用一句话来阐述解决方案，我们可以找更多的例子，通过练习来掌握用一句话阐述解决方案的技能。

在与团队外人员进行交谈时，我们始终要使用对方能听得懂的语言。他人可能完全弄不懂我们在工作中使用的特定词汇。

我们总是感觉有必要针对解决方案补充大量的信息，但谈话对象只想听到清楚明了的阐述，弄明白解决方案是什么。概述的目的是对主题进行非常简短的总结。你想要分享的其他信息可能也很重要，但可以等概述之后再分享。

评估你的概述

请在发件箱中找到最近一封就某重要主题或复杂主题同他人分享信息的电子邮件。介绍最新情况的邮件也可用于本练习，而且电子邮件越长越适合。我们的记性实际上并不像自己所想的那样可靠，所以请在本练习中使用电子邮件，这将有助于我们真正了解自己此前所写的内容。

请查看电子邮件的第一、第二段，并回答以下问题。

- 你针对整个主题进行了概述吗？ 是 / 否
- 你阐述了目标吗？ 是 / 否
- 你阐述了自己需要克服的问题吗？ 是 / 否
- 你针对解决方案进行了简单的阐述吗？ 是 / 否

切记，解决方案是请求他人协助寻求解决方法。提出解决方案或就解决方案提出自己的建议，这些都没错。但如果你对如何解决问题没有任何头绪，那么在进行概述时，解决方案那一部分内容通常就是请求他人给予帮助或指导。

如果每个问题的答案都是“是”，那说明你做得很不错

（不管是有意还是无意）。你早已经在使用 GPS 概述法的核心要素。

如果某个问题（或所有问题）的答案是“否”，也请不要担心。虽然当时你没能完美地对该主题进行概述，但也已经懂得在撰写下一封电子邮件时要如何加以改进。

不管这些问题的答案是“是”还是“否”，你都可以使用这封电子邮件来练习如何使用 GPS 概述法进行高质量的概述。

你会如何加以改进，让本邮件开场白的内容更加清晰明了？

请修改或重新撰写该电子邮件的开场白，确保在 GPS 概述法中清楚阐述目标、问题和解决方案。

____

____

____

值得思考的问题：

- 如果把新的概述作为邮件的第一段，是否可以将原邮件的篇幅进行适当的缩减？
- GPS 概述法是否让这封电子邮件的目的变得更明确了？
- 你此前在撰写该电子邮件时是否曾经为其设计过沟通框架？若是，请问原沟通框架是否匹配修改后的概述？

高质量的概述通常可以让我们剔除与解决方案无关的信息。电子邮件篇幅得以缩短，但意思更明确了。很多时候，我们只需要一份概述就能解决问题。想想看，如果我们只需起草简短的概述，不用写冗长的电子邮件，这将节约大量的时间。

运用 GPS 概述法为未来的谈话做好准备

在练习 GPS 概述法时可以使用过去的电子邮件和谈话来作为例子。现在，是时候让我们在未来的沟通中运用 GPS

概述法了。

你下个星期在工作中要就什么事情与他人进行谈话？最好是某个复杂或颇具难度的话题，而且该话题对谈话对象来说是一个全新的事物。最新情况汇报非常适合本练习。

请针对该主题阐述目标、问题和解决方案。你能清楚定义自己正在追求的目标吗？你对问题的阐述是否着重于讲述那些正影响你实现该目标的障碍？你对解决方案的阐述是否清楚明了，谈话对象能准确懂得你希望他接下来怎么做吗？

目标：______________________________

____

问题：______________________________

____

解决方案：___________________________

____

现在，你已经使用了 GPS 概述法，谈话的开场白应该会更短小精炼。

下一部分提供了更多空白空间来练习 GPS 概述法。请选择你即将需要沟通的主题，并使用 GPS 概述法针对这些主题进行概述。如果想不到什么主题，就请先想想接下来两个星期要汇报哪些工作的最新情况。最新情况汇报对言简意赅的要求也非常高。多数人只想了解关键信息，并不在乎议题的背景故事。

概述 1：

目标： ____

____

问题： ____

____

解决方案： ____

____

概述 2：

目标： ____

____

问题： ____

____

解决方案：______________________________

____

概述 3：

目标：______________________________

____

问题：______________________________

____

解决方案：______________________________

____

概述 4：

目标：______________________________

____

问题：______________________________

____

解决方案：______________________________

____

概述 5：

目标：______________________________

____

问题：______________________________

____

解决方案：______________________________

____

值得思考的问题：

- 你的概述中是否有多个问题或多个解决方案？

当复杂的主题有众多可变因素和从属关系时，我们在进行概述时就会感到颇有难度，还感觉不得不提及对其他项目的各种影响，以及与其他问题之间的关联。

所以请切记，人们在一个时间点只能解决一个问题。我们应该一次只讨论一个问题。目标、问题和解决方案能帮助我们在概述时只关注一个问题。

时间确认

你想和他人就工作中的哪个主题进行讨论？请选择某个主题，谈话对象不仅要做出肯定或否定回答，双方还必须进行简短的谈话。

你觉得整个谈话会需要多长时间？

现在请写下这次谈话的沟通框架：

背景：＿＿＿＿＿＿＿＿＿＿＿＿＿＿＿＿＿＿＿＿
意图：＿＿＿＿＿＿＿＿＿＿＿＿＿＿＿＿＿＿＿＿
关键信息：＿＿＿＿＿＿＿＿＿＿＿＿＿＿＿＿＿＿

在写下沟通框架之后，你对谈话所需时间的预估有变化吗？

有变化 / 没有变化

如果有变化，你重新估计谈话需要多长时间？

现在请针对该主题使用 GPS 概述法进行概述。

目标：____________________

问题：____________________

解决方案：____________________

值得思考的问题：

- 在完成概述之后，请再想想整个对话将需要多长时间。你对所需时间的预估会有调整吗？

是 / 否

- 你认为其他人针对该主题会有疑问吗？

是 / 否

- 你最初对时长的估计包括阐述沟通框架和 GPS 概述法的时间吗？

是 / 否

- 请再回想一下上面 3 个问题的答案。你最终估计谈话会需要多长时间？

______

一方面，如果完成本练习后，你的预估时间依然没变，那说明你做得很不错，正确估计了自己所需的时间。

另一方面，如果你预估的时间要有所增加，那也没有问题。本练习有两个目的：一是告诉大家预估的时间可能会需要调整，二是教给大家改进时间预估的简单方法。

我们不用在每次工作谈话之前都先进行上述所有步骤，那样太烦琐。只要在交谈前先思考沟通框架和 GPS 概述法，就可以直接根据这些准备工作确定自己可能需要的时间。

只有勤加练习，我们才能树立良好的习惯，正确估计谈话所需的时间。下边的练习将使用到此前关于沟通框架设计和 GPS 概述法的例子。

请找出在前文“运用 GPS 概述法为未来的谈话做好准备”部分中所练习的沟通框架和 GPS 概述法。

请针对每份沟通框架和每份概述估计整个谈话需要多长时间，将预估时长填写在下表中。你在告知谈话对象谈话所需时长时不得少于表中所填写的时长。

沟通框架

序号	谈话时长预估
1	
2	
3	
4	
5	

概述

序号	谈话时长预估
1	
2	
3	
4	
5	

上表中预估的时长提供了两个方面的信息：

- 未来在针对上表中任何一个主题进行谈话时，我们应该请求对方给予上表中的时间。
- 这些工作中常见主题的沟通框架可在实际工作沟通中加以参考利用。

这些时长预估显示了我们在沟通时通常应该请求对方给予的时间。如果仅仅需要占用对方 1 分钟时间，我们可以直接问对方："请问您现在有 1 分钟时间吗？"如果预估时长超过 1 分钟，我们也已经更好地了解了自己应该请求对方给予多长的时间。

值得思考的问题：

- 你在表格中所预估的时间同你在思考前所预估的时间有差异吗？
- 你通常会多估还是少估谈话所需的时间？
- 在对时长进行预估时，沟通框架设计是否会有所帮助？

- 沟通框架和 GPS 概述法会如何改变你对时长的预估？它们会增加还是减少你所预估的时长？
- 在按照这种方式思考所需的时长后，你觉得自己准备得更加充分了吗？

我长期低估自己谈话所需的时长。为了克服这个毛病，我会在自己预估的时长上再增加 20% 到 50%。如果我仅仅需要两三分钟的时间，为了保险起见，我一般会请求对方给我 5 分钟。

所以我们在预估时长时要针对自己的习惯来稍加调整。切记，在请求占用对方时间时要在预估时长的基础上再多加一点时间，因为提前结束好过推迟完成。

通过架构让电子邮件更加清晰易懂

在发件箱中找一封你发送给其他人的长篇电子邮件。该邮件应该包括大段的文字，而且没有明了的架构。请使用沟通框架和 GPS 概述法的几大要素对该电子邮件进行重新组织，让该邮件信息更加清晰明了。

本书未给该练习留出空格，因为我认为手写电子邮件实在让人感觉糟糕。所以在进行本练习时，我们可以借助平时使用的邮件客户端。点击“写信”，将自己使用的例子复制到新邮件中，然后再进行结构和布局的调整。

值得思考的问题：

- 该电子邮件结构的调整是否也导致内容发生了变化？
- 结构的调整是否改变了信息分享的目的？
- 结构的调整是否缩短了邮件的篇幅（你是否删除了不适合该结构的一些内容）？

有些电子邮件无须概述

并非所有邮件都必须概述。哪些情况下不需要概述呢？请列举一些例子。

1. ______________________________

2. ______________________________

3. ____

4. ____

系列电子邮件

找一组系列电子邮件，该系列电子邮件至少要有 5 封，最好超过 10 封。请使用下文的模板起草一封发送给上司的邮件，向他们介绍该系列邮件。请针对该主题设计沟通框架，并且从目标、问题和解决方案这 3 个角度进行概述。如果意图不明了，请自己虚构一个意图用于练习。

收件人:	
主题:	
正文:	

值得思考的问题：

- 当收到一连串邮件却缺少 GPS 概述法或介绍时，你会怎么想？
- 收到一封转发邮件且只附有一句“你应该看看”，或者收到一封有高质量沟通框架和 GPS 概述法的转发邮件，你更喜欢哪种？
- 你觉得沟通框架和 GPS 概述法能减少系列邮件中的邮件数量吗？

下面数页提供了练习该技巧的空间。如果你有多组系列邮件，请写下它们的概述。

转发系列邮件时的概述 1

收件人：	
主题：	
正文：	

转发系列邮件时的概述 2

收件人:	
主题:	
正文:	

转发系列邮件时的概述 3

收件人:	
主题:	
正文:	

评估你的会议邀请函

请看看自己的工作日程安排，最近有哪 4 场会议是由你负责组织的？请为这些会议起草邀请函。如果没有会议要组织，请使用他人发送给你的邀请函来完成本练习。如果能使用本人撰写的邀请函，本练习的效果会更好。

请认真分析你发送的每封会议邀请函：

- 这些会议邀请函的正文是否有内容？　是 / 否
- 邀请函中是否始终都会有明确的意图介绍？　是 / 否
- 你阐述了会议的目的吗？　是 / 否
- 你阐述了会议的预期成果吗？　是 / 否
- 你是否对会议主题进行了简单的概述？　是 / 否

如果每个问题的答案都是“是”，那说明你做得很不错，早已经能撰写优质的会议邀请函了。

如果以上某个或所有问题的回答是“否”，也请不要担心。接下来我们将会提供大量的机会来练习这些方法。

如果使用他人起草的会议邀请函来进行练习，也可以回答这些问题，但请从评判者的角度针对他人的内容来进行判断。

问题：你需要改进会议邀请函沟通框架的哪些要素？

____

____

____

请使用沟通框架设计方法改写 4 份会议邀请函，确保在邀请函的正文中包括明确的会议目的和预期成果。若可能，也应该使用 GPS 概述法。针对 GPS 概述法多加练习总是好的！

会议邀请函 1

收件人：	
会议日期 / 时间：	
主题：	
会议邀请函正文：	
会议目的： 会议预期成果： 概述 / 背景 / 其他：	

会议邀请函 2

收件人：	
会议日期 / 时间：	
主题：	
会议邀请函正文：	
会议目的： 会议预期成果： 概述 / 背景 / 其他：	

会议邀请函 3

<table>
<tr><td>收件人：</td><td></td></tr>
<tr><td>会议日期 / 时间：</td><td></td></tr>
<tr><td>主题：</td><td></td></tr>
<tr><td colspan="2">会议邀请函正文：</td></tr>
<tr><td colspan="2">会议目的：

会议预期成果：

概述 / 背景 / 其他：</td></tr>
</table>

会议邀请函 4

收件人：	
会议日期 / 时间：	
主题：	
会议邀请函正文：	
会议目的： 会议预期成果： 概述 / 背景 / 其他：	

值得思考的问题：

- 沟通框架的使用是否让会议的目的变得更加明了？
- 当在会议邀请函中使用沟通框架时，人们是否会对你期望的会议成果有更好的理解？

为未来的会议做好准备

使用以前的会议来练习如何起草会议邀请函，这会是一个好方法。现在，我们已经看到如何在过去的邀请函中应用沟通框架设计技巧，也是时候将该技巧用于撰写未来的会议邀请函上了。

接下来几个星期你要组织哪些会议？请从中挑选两场会议，这些会议的邀请函可以尚未发送，也可以已经发送。现代的工作日历系统有一个优点，就是我们可以轻松地更新会议邀请函。当大家在收到更新的邀请函后发现该邀请函能更好地帮助自己为该会议做准备时，他们也就不可能去抱怨邀请函的更新了。

请使用沟通框架起草每份邀请函。邀请函的内容应包括背景、意图、会议目的和会议预期成果。

在完成本练习后，你就已经有了高质量的邀请函可供使用。你也已经掌握了相关方法，可以在今后起草会议邀请函时加以应用。

（你可以在本书中完成该练习，也可以在发送会议邀请函的应用上完成。）

会议邀请函 1

<table>
<tr><td>收件人：</td><td></td></tr>
<tr><td>会议日期 / 时间：</td><td></td></tr>
<tr><td>主题：</td><td></td></tr>
<tr><td colspan="2">会议邀请函正文：</td></tr>
<tr><td colspan="2">会议目的：

会议预期成果：

概述 / 背景 / 其他：</td></tr>
</table>

会议邀请函 2

<table>
<tr><td>收件人：</td><td></td></tr>
<tr><td>会议日期 / 时间：</td><td></td></tr>
<tr><td>主题：</td><td></td></tr>
<tr><td colspan="2">会议邀请函正文：</td></tr>
<tr><td colspan="2">会议目的：

会议预期成果：

概述 / 背景 / 其他：</td></tr>
</table>

值得思考的问题：

- 在根据沟通框架起草会议邀请函后，你是否感觉自己针对会议的准备更充分了？
- 你能使用会议邀请函作为会议的开场白吗（提醒与会人员会议的目的）？
- 对会议目的进行澄清后，你是否更加清楚应该邀请哪些人参加会议了？

沟通框架有助于提升会议议程的明晰度。不要只是列举每个主题和发言人，请针对每个主题设计沟通框架，至少应包括背景和意图。这样人人都将懂得会议会探讨什么内容，以及为什么要探讨。如果有空间，还可以补充关键信息，这些内容将帮助与会人员为会议做好准备。

汇报最新情况

本练习中，我们将根据目标、问题和解决方案这三个部分改写一份最新情况汇报。请在发件箱中找出包括最新情况汇报的邮件，并在空白区域内运用 GPS 概述法对其进行改写。

最新情况汇报

目标：____

____

问题：____

____

解决方案：____________________________________

____

如果你需要汇报最新情况，尤其是相关问题的最新情况，请一定重点介绍为解决问题已经采取了哪些举措。如果你还没有采取任何行动，可以简要总结自己即将采取哪些举措来解决问题。又或者你并不清楚要采取哪些举措，谈话的意图就会变成请谈话对象就解决方法提出建议。在这种情况下，对解决方案的阐述一样非常简单：“是否可以请您协助我解决该问题？”

以积极乐观的方式来阐述解决方案，双方的谈话也会因此变得积极乐观，大家都将着眼于未来，这样就不会紧张地纠结于问题产生的根由。

值得思考的问题：

- 你的概述中是否列举了所有问题和（或）问题产生的原因？这样做有必要吗？
- 你的概述让人普遍感觉问题依然存在，还是感觉一切已经回到常规？

人们在汇报负面消息时容易把重点放在问题上。但如果问题已经得到解决，或者正在得到解决，我们在汇报最新情况时就应该着重介绍好消息。我们当然要考虑问题的影响，但这并不意味着我们就应该把重点放在问题的根源上。对问题进行总结，对解决方案进行介绍和描述，然后我们就应该继续往前迈进了。

请用下面的模板撰写下一次最新情况汇报内容，只需要包括沟通框架、GPS 概述和谈话继续与否确认这几大因素，不要任何多余的东西。你会惊奇地发现大家没有什么疑问，最新情况汇报会的时长将大幅缩短。

在撰写最新情况汇报内容之前，请先明确所阐述的解决方案的类型：

- 我们遇到一个问题，必须找到解决方案。（寻找）
- 我们遇到一个问题，想就解决方案提出建议 / 想回顾一下解决方案。（推荐 / 回顾）
- 我们此前遇到一个问题，但该问题已经解决，现在对解决情况进行汇报。（汇报）

在明确自己的解决方案类型后，我们就能更轻松地撰写明了的最新情况汇报了。

最新情况汇报 1

背景：________________________________

意图：________________________________

关键信息：________________________________

目标：________________________________

问题：________________________________

解决方案：________________________________

____

谈话继续与否确认：________________________________

____

最新情况汇报的相关问题：

- 最新情况汇报里解决方案属于哪个类型？

寻找 / 推荐 / 汇报

- 概述是否清楚说明了谈话对象在解决方案的下一步工作里应该发挥什么作用？

是 / 否

最新情况汇报 2

背景：________________________________

意图：________________________________

关键信息：________________________________

目标：________________________________

问题：________________________________

解决方案：________________________________

____

谈话继续与否确认：________________________________

____

最新情况汇报的相关问题：

- 最新情况汇报里解决方案属于哪个类型？

寻找 / 推荐 / 汇报

- 概述是否清楚说明了谈话对象在解决方案的下一步工作里应该发挥什么作用？

是 / 否

最新情况汇报 3

背景：________________________________

意图：________________________________

关键信息：＿＿＿＿＿＿＿＿＿＿＿＿＿＿＿＿＿＿＿＿

目标：＿＿＿＿＿＿＿＿＿＿＿＿＿＿＿＿＿＿＿＿＿＿

问题：＿＿＿＿＿＿＿＿＿＿＿＿＿＿＿＿＿＿＿＿＿＿

解决方案：＿＿＿＿＿＿＿＿＿＿＿＿＿＿＿＿＿＿＿＿

＿＿＿＿＿＿＿＿＿＿＿＿＿＿＿＿＿＿＿＿＿＿＿＿＿

谈话继续与否确认：＿＿＿＿＿＿＿＿＿＿＿＿＿＿＿＿

＿＿＿＿＿＿＿＿＿＿＿＿＿＿＿＿＿＿＿＿＿＿＿＿＿

最新情况汇报的相关问题：

- 最新情况汇报里解决方案属于哪个类型？

  寻找 / 推荐 / 汇报

- 概述是否清楚说明了谈话对象在解决方案的下一步工作里应该发挥什么作用？

  是 / 否

最新情况汇报 4

背景：＿＿＿＿＿＿＿＿＿＿＿＿＿＿＿＿＿＿＿＿＿＿

意图：＿＿＿＿＿＿＿＿＿＿＿＿＿＿＿＿＿＿＿＿＿＿

关键信息：______________________________

目标：______________________________

问题：______________________________

解决方案：______________________________

____

谈话继续与否确认：______________________

____

最新情况汇报的相关问题：

- 最新情况汇报里解决方案属于哪个类型？

  寻找 / 推荐 / 汇报

- 概述是否清楚说明了谈话对象在解决方案的下一步工作里应该发挥什么作用？

  是 / 否

最新情况汇报 5

背景：______________________________

意图：______________________________

关键信息：______________________________

目标：________________________________

问题：________________________________

解决方案：____________________________

____

谈话继续与否确认：________________________

____

最新情况汇报的相关问题：

- 最新情况汇报里解决方案属于哪个类型？

  寻找 / 推荐 / 汇报

- 概述是否清楚说明了谈话对象在解决方案的下一步工作里应该发挥什么作用？

  是 / 否

值得思考的问题：

- 该方法是否帮助你改善了自己的最新情况汇报？
- 在使用该方法后，最新情况汇报的篇幅是变长还是变短了？

汇报工作

请使用下文的模板来撰写汇报内容。如果你当前要进行汇报，或者你需要在未来几天内进行汇报，请使用该模板。或者想想你此前在工作中曾经需要向上级汇报时的情景。如果是以电子邮件形式进行汇报，请找到该电子邮件，看看自己究竟是怎么写的。

如果你从未向上级汇报过任何问题，或者目前没有任何工作需要汇报，请虚构一个场景。你可以使用本书所列举的问题，并将该问题的严重情况放大到需要向上级汇报的程度，然后针对该问题撰写汇报的 GPS 概述。

请注意：汇报多半发生在出现问题的情况下，可能是有人遇到了麻烦，某个目标无法达成，或者某种糟糕的情况已经出现或即将出现，等等。以上每种情况都会伴随一系列的情绪，如罪恶感、担心、责怪，以及受挫等。本书第 4 章中的方法可以帮助人们在谈话中摒除情绪的影响。这些方法值得在工作“风平浪静”的时候就加以练习，它们将帮助我们做好更充足的准备，去应对真正的汇报。

向上级汇报问题 1

背景：________________________________

意图：________________________________

关键信息：________________________________

目标：________________________________

问题：________________________________

解决方案：________________________________

____

向上级汇报问题 2

背景：________________________________

意图：________________________________

关键信息：________________________________

目标：________________________________

问题：________________________________

解决方案：________________________________

____

向上级汇报问题 3

背景：______________________________

意图：______________________________

关键信息：__________________________

目标：______________________________

问题：______________________________

解决方案：__________________________

____

值得思考的问题：

- 这些方法促使你缩减了想要在汇报中分享的观点数量吗？
- 这些方法是否让你能更为轻松地坚持阐述事实，避免描述自己的观点？
- 这种架构是否有助于你在讨论主题时不受情绪的影响？
- 将重点放在解决方案和下一步行动上，这种做法是否改变了你的汇报方式？

未来，属于终身学习者

我这辈子遇到的聪明人（来自各行各业的聪明人）没有不每天阅读的——没有，一个都没有。巴菲特读书之多，我读书之多，可能会让你感到吃惊。孩子们都笑话我。他们觉得我是一本长了两条腿的书。

——查理・芒格

互联网改变了信息连接的方式；指数型技术在迅速颠覆着现有的商业世界；人工智能已经开始抢占人类的工作岗位……

未来，到底需要什么样的人才？

改变命运唯一的策略是你要变成终身学习者。未来世界将不再需要单一的技能型人才，而是需要具备完善的知识结构、极强逻辑思考力和高感知力的复合型人才。优秀的人往往通过阅读建立足够强大的抽象思维能力，获得异于众人的思考和整合能力。未来，将属于终身学习者！而阅读必定和终身学习形影不离。

很多人读书，追求的是干货，寻求的是立刻行之有效的解决方案。其实这是一种留在舒适区的阅读方法。在这个充满不确定性的年代，答案不会简单地出现在书里，因为生活根本就没有标准确切的答案，你也不能期望过去的经验能解决未来的问题。

而真正的阅读，应该在书中与智者同行思考，借他们的视角看到世界的多元性，提出比答案更重要的好问题，在不确定的时代中领先起跑。

湛庐阅读 App：与最聪明的人共同进化

有人常常把成本支出的焦点放在书价上，把读完一本书当作阅读的终结。其实不然。

时间是读者付出的最大阅读成本

怎么读是读者面临的最大阅读障碍

“读书破万卷”不仅仅在“万”，更重要的是在“破”！

现在，我们构建了全新的“湛庐阅读”App。它将成为你“破万卷”的新居所。在这里：

- 不用考虑读什么，你可以便捷找到纸书、电子书、有声书和各种声音产品；
- 你可以学会怎么读，你将发现集泛读、通读、精读于一体的阅读解决方案；
- 你会与作者、译者、专家、推荐人和阅读教练相遇，他们是优质思想的发源地；
- 你会与优秀的读者和终身学习者为伍，他们对阅读和学习有着持久的热情和源源不绝的内驱力。

下载湛庐阅读 App，
坚持亲自阅读，
有声书、电子书、阅读服务，
一站获得。

CHEERS

本书阅读资料包

给你便捷、高效、全面的阅读体验

本书参考资料

湛庐独家策划

- 参考文献
  为了环保、节约纸张，部分图书的参考文献以电子版方式提供
- 主题书单
  编辑精心推荐的延伸阅读书单，助你开启主题式阅读
- 图片资料
  提供部分图片的高清彩色原版大图，方便保存和分享

相关阅读服务

终身学习者必备

- 电子书
  便捷、高效，方便检索，易于携带，随时更新
- 有声书
  保护视力，随时随地，有温度、有情感地听本书
- 精读班
  2~4周，最懂这本书的人带你读完、读懂、读透这本好书
- 课　程
  课程权威专家给你开书单，带你快速浏览一个领域的知识概貌
- 讲　书
  30分钟，大咖给你讲本书，让你挑书不费劲

湛庐编辑为你独家呈现
助你更好获得书里和书外的思想和智慧，请扫码查收！

（阅读资料包的内容因书而异，最终以湛庐阅读App页面为准）

北京市版权局著作权合同登记号　图字：01-2022-2183

图书在版编目（CIP）数据

开启高质量沟通的第 1 分钟 /（英）克里斯·芬宁著；粟志敏译．-- 北京：中国财政经济出版社，2022.6
书名原文：The First Minute
ISBN 978-7-5223-1448-8

Ⅰ．①开… Ⅱ．①克… ②粟… Ⅲ．①心理交往－语言艺术 Ⅳ．① C912.13

中国版本图书馆 CIP 数据核字（2022）第 085303 号

责任编辑：张怡然　　责任校对：胡永立
封面设计：ablackcover.com　　责任印制：张　健

开启高质量沟通的第1分钟
KAIQI GAOZHILIANG GOUTONG DE DI 1 FENZHONG

中国财政经济出版社 出版
URL：http://www.cfeph.cn
E-mail:cfeph@cfemg.cn
（版权所有 翻印必究）
社址：北京市海淀区阜成路甲28号　　邮政编码：100142
营销中心电话：010-88191522
天猫网店：中国财政经济出版社旗舰店
网址：https：//zgczjjcbs.tmall.com
天津中印联印务有限公司印装　　各地新华书店经销
成品尺寸：147mm×210mm　　32开　　9印张　　147 000字
2022年6月第1版　　2022年6月天津第1次印刷
定价：79.90元
ISBN 978-7-5223-1448-8
（图书出现印装问题，本社负责调换，电话：010-88190548）
本社图书质量投诉电话：010-88190744
打击盗版举报热线：010-88191661　　QQ：2242791300